「地方創生」で地方消滅は阻止できるか

地方再生策と補助金改革

高寄昇三

公人の友社

はしがき

　日本創成会議（人口減少問題検討分科会）報告書は，人口減少の深刻さを世論に訴え，政府に人口政策の実施をせまった。しかし，同報告書は，人口減少の分析については，卓抜した分析をしめしたが，人口増加策は不十分で常識の域をでていない。

　にもかかわらず報告書は，人口問題をこえて，国土デザインによる人口増加策を策定し，地方中核都市への集中的投資で，東京圏への流出を食い止める構想である。

　そのため限界集落などに，「選択と集中」を迫り，国土全体を都市機能の集約と連携による，再編成の構図を描いている。全総の焼き直しであり，それこそ国土を破滅さす，誤謬の選択となりかねない。

　創成会議報告書の方針に対して，地方再生をめぐって，対立点が浮き彫りにされた。戦後，全国総合開発計画の総決算として，地域社会が選択すべき，地域再生策をどこに求めるかの論争となった。

　第1に，人口問題を国土デザインという,地域開発構想で処理する戦略は誤っている。人口政策は，むずかしいようで簡単である。要するに国民，ことに低所得者層の給与を引き上げ，子どもを生める状況にすることである。

　しかし，人口増加策にしても，企業収益を削減して，労働配分率引上げが，決め手を握っているが，改革なしには達成できない。個人に出産意欲を求めるのでなく，政策的対応で目標達成をめざすべきである。

　地方創生が実現するには，結局，自治体改革，補助金改革，意識改革さまざまの構造改革が不可欠である。地域再生にあっても，遊休地への賦課強化・休耕田への補填廃止など，農業改革の傷みを，共生のシステムで治癒し，新事業を立ち上げ，地域活性化をめざすしか，選択肢はない。

　第2に，国土デザインを描く以上，東京圏への抑制措置を設定しなければ，

はしがき

東京一極集中は食い止められない。もし東京圏への流入規制ができないならば，租税による賦課強化を実施し，その財源で，縮小消滅地域への公共機関誘致・移住促進などをなすべきである。

創生会議報告書の戦略は，人口政策と国土デザインを，融合させる中核都市構想であるが，東京一極集中は，中核都市のダム機能で阻止できるのか。全総の拠点開発方式の亜流で，結局は都市機能集約・連携も，挫折の憂き目をみるのではないか。

第3に，限界集落・過疎地域，消滅都市などを，公共投資の生産効果だけで，選別するべきでない。その文化・環境・精神的価値という非経済的効果は，十分に尊重されなければならない。まず限界集落再生への処方箋を，熱意をもって描くべきである。

むしろ過疎対策をはじめ，地方への巨額の政府財政支援が投入されたが，なぜ人口減少に歯止めがかからないか。それは公共投資偏重・補助金の乱立であり，しかも政府の景気対策に引き込まれ，過疎町村まで，無駄な箱物行政などに公費を浪費させられたからである。

第4に，地域振興策をみると，人口増加地域は，すべてが外部依存型であり，内発的地域振興はほとんどない。人口減少で地域経済の脆弱性が露呈された。地域政策は，従来の政策をご破算とし，地域固有の産業振興を図っていき，外部環境の変化にも抵抗力のある，内発的開発が急務である。

ただ地域おこしの事例として，過疎の島根県海士町，限界集落の徳島県上勝町が，有名であるが，政府が模範村として，宣伝するのは，政策貧困の裏返しである。

第5に，地方再生策の政府財政支援は膨張し，補助金・交付金にくわえて，交付税の補助金化もあり，錯綜し混乱状況にある。そのため内閣府の一括交付金方式での，補助金淘汰が期待されたが，補助金の廃止・統合には成功していない。

しかし，一括交付金で自治体の採用が少ない補助金は，次年度から削減される。すなわち自治体による補助金選別という，革新的政府財政支援の改革を遂

行すべきである。

　自治体サイドからいえば，理想は「ふるさと創生事業」方式で，ひも付きでない交付金である。ただ実績からみて，無駄の増殖をきたしたとの批判があるが，補助金も同様である。

　第6に，政府財政支援の投入→人口減少の拡大という，悪循環を断ち切るには，自治体が，地域資源（資金・マンパワー・自然）だけでなく，外部資源（移住者・政府支援ふくむ）も有効に活用し，官民セクターが，地域再生の実践で，実績をつくり，政府に補助金再編成を迫るのが，ベストの経過である。。

　政府の地方創生策は，「ふるさと納税」と同類の世間的にうけのよい奨励策のバラマキが目立つ。しかし，地域再生は，補助散布の事業消化より，はるかに高度な地域経営の手腕・センスが求められ，地域社会の能力が試され，将来の命運もきまる。結局は地域住民の地道な努力を，大きなうねりにまとめる，"地域の力"が，どこまで発揮できるかである。

　いずれにせよこれらの課題に本書が応えるには，あまりにも政策課題は膨大で，無数にある。したがって問題点の指摘，施策の評価，ささやかな政策提言ができただけである。本書が地方再生に，いささでも示唆を与えることができれば，さいわいである。なお出版の配慮をいただいた，公人の友社武内英晴社長に，心から感謝します。

2015年2月1日

高寄昇三

目次

はしがき ……………………………………………………………… 003

I 地方再生への課題と政策形成 ……………………………… 009

1 衝撃の「日本創成会議」報告書 …………………………… 010
創成報告書にみられる人口分析の特徴／創成報告書の人口減少への警鐘／人口対策・過疎解消には構造改革は不可欠／人口増加政策がなぜ場違いの「国土デザイン」なのか／「地方都市」淘汰への「選択と集中」／「地方の衰退」は市場メカニズム貫徹の結果／地方の人口減少がとまらない状況／若年女性減少率上位20位の市町村動向

2 人口減少と国土デザインの策定 …………………………… 028
増田『地方消滅』の国土デザイン／創成報告書の地方創生ビジョン戦略／国土デザインの最大関心は「選択と集中」／国土デザインの氾濫

3 地方創生実施システムと補助金統合 ……………………… 041
総合的実効性のあるシステムが形成されるのか／「総合戦略」の原案と中央主導／内閣府は，各省府庁との調整ができるのか／補助金統廃合の内閣府・各省庁の抗争

II　縮小消滅地域への地域振興政策 ……… 057

1　地域再生策と内発的開発の導入 ……… 058
若年女性増加率上位20位の人口・財政状況／外部資源導入・内部資源活用のいずれを選択するか／地域イメージの戦略的価値／システムを官主導でなく民主導で形成できるか／地域振興システムの変革／外来的開発方式の成果検証／内発型地域振興策の実証分析

2　過疎対策の現況と政策検証 ……… 073
若年女性人口減少率上位20市町村における産業別人口／過疎地域・限界集落をどうみるか／日本の農業をどう考えるか／限界集落と過疎対策の注入／地域レベルでの過疎事業実績／過疎再生に秘訣はあるか／「消滅地域」再生への地域の力

3　過疎・限界集落再生への実践 ……… 097
農業・農村・町村経営の構造改善／農村への移住促進・定住化施策／農村・都市の交流・連携／地元企業の存在・育成への認識／地域資源の活性化／特産品開発と地域おこし／遊休資源の再利用と固有資源の再認識／実績のある地方団体の人口動向

III　「拠点開発」構想への政策検証 ……… 113

1　「地方中核都市」構想への批判 ……… 114
『地方創生』という名の『地方切り捨て』／典型的地方都市12都市の人口動向・財政状況

目次

2 「定住自立圏」構想への課題 ……………………………… 123
中小都市の「縮小都市」化をどう考えるか／政府の中小都市への対応／政策対応の具体的実践事例／まちづくり団体の低迷／人口10万人前後の都市人口・財政状況

3 「地方中核都市」構想への争点 …………………………… 135
モデル方式に暗雲／中核都市構想と現在の経済変化

IV　地域開発の系譜と地域創生策の形成 ……………………… 141

1 戦後地域開発と東京一極集中 ……………………………… 142
戦後地域開発の系譜／全総の均衡ある国土形成はなぜ失敗したのか／「国土グランドデザイン」をみてみる／産業構造の立地メカニズム／人口集中のメカニズム／財政メカニズムの分散機能

2 「地方創生」政策の再編成 ………………………………… 155
人口増加対策をベースにした，国家戦略・地域おこし／縦割り行政の壁をどう崩すか／租税政策の活用と「ふるさと納税」

3 「地方創生」と補助金・交付税改革 ……………………… 169
地方再生補助の増殖／政府財政支援の混乱／交付税・交付金が実質的には補助金に変貌／交付税制のなにが問題か／内閣府一括交付金・「ふるさと創生」方式への期待

I　地域再生への課題と政策形成

1 衝撃の「日本創成会議」報告書

　日本創成会議・人口減少問題検討分科会報告書（『成長を続ける 21 世紀のために「ストップ少子化・地方元気戦略」平成 26 年 5 月 8 日，以下，前掲・創成報告書）は，全国市町村に衝撃をあたえた。

　創成報告書・増田寛也中公新書『地方消滅』（以下，増田『地方消滅』）は，刺激的ネーミングで，危機感の浸透を図っていった。「地方創成会議」の報告は，2010 年から 2040 年で，「20 ～ 29 歳の女性人口」が，5 割以下に減少する 897 都市を，「消滅可能性都市」と，やや穏便なタイトルがつけられていたが，うち 1 万人以下の 523 都市は，「消滅都市」という無慈悲なネーミングがつけられた。

　各市町村は，人口減少は，既定の事実として熟知していたが，「消滅可能性都市」と癌告知され，さらに「消滅市町村」という死亡宣告をうけた。これら市町村は，創成報告書のタイトル「ストップ少子化・地方元気戦略」いった，気分にはとてもなれない。

　さらに創成報告書は，『中央公論』の 2013 年 12 月号では，「壊死する地方都市」という自虐的表題で紹介され，『中央公論』2014 年 7 月号では，「すべての町はすくえない」と，市町村の選別を明確に打ち出し，さらに増田『地方消滅』のタイトルは，そのものズバリの「地方消滅」と，エスカレートしている。

　もっとも『中央公論』2014 年 6 月号では，「ストップ『人口急激社会』－国民の『希望出生率』の実現」「地方中枢拠点都市圏の創生」と題して，創成報告書を要約で掲載し，将来展望を打ち出している。しかし，人口減少の分析は鮮明であるが，人口増加策は貧弱で，中核都市構想は，曖昧模糊とした蜃気楼のような存在で，これでは地方再生は，おぼつかない。

　民間雑誌のタイトルであり，政府の真意ではないにしても，政府の方針如何

によっては,「消滅地域」(消滅市町村・過疎地域・限界集落)は,延命装置としての過疎特別補助・交付税措置も,はずされかねられないとの不安にかられるのも無理はない。

実際,三位一体改革とか,平成市町村大合併とかでは,町村は痛い目にあっており,政府が「消滅地域」の早期崩壊を願っているなら,せめて安楽死として,中心地域への移転施策を明確に示すべきで,これでは生殺しに等しい。

創成報告書にみられる人口分析の特徴

創成報告書のどこが問題なのか。

第1の論点として,創成報告書・増田『地方消滅』にみられる人口分析の特徴をみると,第1に,従来の抽象的報告と異なり,人口将来予測だけでなく,タブーを破り個別市町村名で,人口減少順に列挙し,政府・市町村に事態の深刻さを訴えている。あたかも学力調査で,個別学校ごとの学力結果を,公表したようなものである。[1]

しかし,ほとんどの「消滅地域」は,自主的努力といわれても,町村でも高齢化・少子化がすすみ,過疎集落の「地域の生存力」は,いちじるしく劣化してしまっている。地域再生といっても,千差万別であり,交付税の財政補填があるが,画一的な補助制度では,崩壊寸前の「消滅地域」は救済できない。

第2に,創成報告書の意図は,本格的人口減少時代の到来,人口減少の深刻さを,一般的に浸透させることにあった。出生率向上による人口回復の困難さを,政府・自治体・企業・住民のすべてに自覚を迫まっている。[2]

地方都市圏だけでなく,将来,大都市圏も例外なく,人口減少となるが,注目されるのは,出生率の高い地方から出生率の低い大都市圏へ若年人口流出で,人口減少に拍車がかかっているとの指摘であるが,移動効果の分析は欠落している。

第3に,報告書が「人口減少」のバロメーターとして,単なる総人口の減少でなく,若年女性人口率(2010〜2040年対比)の増減を,基準値としており,全国ほとんどの自治体で,大幅なマイナス指標となっている。

若年女性人口の減少率は、人口指標の操作のマジックといえるが、人口減少という動かしがたい事実を、鮮烈に印象づける効果はあった。2040年には県庁所在市のみでなく、東京すら例外でなく、総人口が激減する、ショッキングな報告である。[3] 病状診断は的確としても、治療方法は疑問である。

創成報告書の人口減少への警鐘

　第2の論点として、創成報告書は、人口減少の危機が、誤解と認識不足で、十分には理解されていないと、憂慮をしめしている。第1に、人口減少は、遠い将来の問題でない。「地方の多くはすでに高齢者をふくめて、人口が急減する深刻な事態をむかえている」[4] と訴えている。

　ただ人口減少は、「日本全体が同じ比率で人口減少していくのでない、地方は人口が急減するが、大都市はいま以上に人口集中が進む。………最終的には東京の人口も減少に転じる」[5] と、人口減少でも地域格差があると指摘している。

　第2に、人口増加は容易でない。「出生率改善が5年おくれるごとに将来の安定人口が300万人ずつ減少する。少子化対策は、早ければ早いほど効果がある」[6] と、政策の緊急性を訴えている。

　出生率低下に対応して、「子育て支援」があっても、「晩婚化や若年層の所得問題なども大きく影響している」[7] と、国民意識・構造的問題がからんでおり、上昇は容易でないと、警鐘を鳴らしている。しかし、経済の構造改革をふくめた、人口解決策の提示はない。

　第3に、人口減少・地方崩壊という報告と、政府の方針・認識とには、大きな政策ギャップがある。安倍首相の物価上昇2％、デフレ脱却という目標をかかげ、「経済の好循環を力強く回転させ、景気回復の実感を全国津々浦々に届けるのがアベノミクスの使命」といっている。

　しかし、東京圏のみ人口がふえ、東京の恩恵はトリクルダウンで、地方に波及せず、軒並み人口が減りつづけ、人口増加策も空転したままである。創成報告書と安倍首相の強気のギャップはあまりにも大きく、むしろ人口減少ストッ

プを，政権目標とすべきである。

人口対策・過疎解消には構造改革は不可欠

第3の論点は，「創成会議報告書」や増田『地方消滅』は，人口対策・過疎解消が，構造改革という厄介問題であることの認識が希薄である。

第1に，創成報告書の人口政策は，産業・雇用・社会政策の問題と指摘しているが，この根幹的問題を軽視し，国土デザインへと論点を移行させているのは，人口政策への軽視という謗りを免れないのではないか。

増田『地方消滅』は，人口減少の危機を強く訴えた以上，未婚化・晩婚化・少子化という課題に，正面から取り組み，真摯に解決策を提示する責務がある。人口減少の危機感のみ煽り，有効な改善策を提示しないのは，無責任との謗りは免れない。

増田『地方消滅』は，「本書では社会保障制度について大きく踏み込まない」[8]と弁明しているが，社会保障制度論の展開を求めているのでなく，社会保障の現状分析から，未婚化・晩婚化・少子化への障害が，どの程度のものであるかの，解析程度は行うべきである。

第2に，創成報告書は，人口問題に精通した有識者の研究成果であり，人口増加策は，さしたる苦労をしなくとも，的確な提言がなされるはずであるが，粗略に処理したのは惜しまれる。

人口減少の最大の要因は，結婚率が正規職員の2分の1という，非正規職員の低い給与水準にある。要するに企業収益における労働配分率の低さが原因で，非正規職員の正規化への財源が，枯渇しているのでない。創成報告書は，この現状打開への具体策は乏しい。[9]

人口増加政策がなぜ場違いの「国土デザイン」なのか

第4の論点は，人口増加策において，正攻法の人口政策は素通りして，国土デザイン構想へと飛躍している。しかも人口増加政策において，構造メカニズムの解明をおざなりにして，なぜ場違いの国土デザインに，解決策を求めた

のか不可解なくらいである。

　第1に，創成報告書が，人口増加策として，国土デザインを描いた言い分は，人口政策の効果は，50年後であり，即応的対策として，人口の東京一極集中を抑制するため，「反転・攻勢」の拠点として，地方中核都市の機能拡充を提唱したとされている。

　しかし，この拠点開発方式は，新産業都市の模倣であり，しかも迂回作戦であり，人口政策への対応を鈍らせ，実効性のない人口政策へと，変質させかねない恐れがある。

　第2に，国土デザインを描くのであれば，東京への人口・企業の集中抑制を，積極的具体的に提示すべきであるが，地域戦略として東京の世界都市への成熟を期待しており，抑制施策は，中核都市の「ダム機能」しかなく，報告書の政策的対応策の弱点が露呈されている。

　政策的には東京の成熟と地方の再生という，トレードオフ（二律背反）について解決策を示すことであり，たとえば租税負担における地域的超過課税方式であり，その税収を財源として地方再生を，遂行する政策である。

　第3に，創成報告書の中核都市がもつ人口ダム機能は，それほど大きくなく，地域社会に無用の幻想をいだかせた，リゾート・テクノポリス構想などの再現ともなりかねない。財源的にも政策的にも，「拠点開発構想」に依存するのは，危険な賭けとなる。

「地方都市」淘汰への「選択と集中」

　第5の論点は，「消滅地域」への対応である。創成報告書・増田『地方消滅』は，過疎地域への一応の評価をしているが，施策の優先順位は，「選択と集中」による政策的淘汰への性格が濃厚である。しかし，定住促進など有効なソフトの過疎対策が，始まったばかりで，「選択と集中」は性急な選択ではないか。

　政府は，過疎地域に財源を投入してきたというが，過疎地域の実態は，全く効果があがっておらず，巨額の財源が，どこに消えてしまったのか不思議なくらいである。[10]

I　地域再生への課題と政策形成

　第1に,「消滅地域」は,過疎対策失敗の産物であり,過疎地域は行政の知恵を絞り,住民もそれなりに頑張ったが,農政の大規模主義・米作偏重方針・農家救済施策のみが先行し,農業・農村再生をうながす,施策は貧困そのものであり,小規模農村・農家は翻弄され,見捨てられていった。
　またハード優先の施策は,過疎町村にも景気対策として,無用の箱物建設を強要して,過疎対策費を膨張させたが,これではいくら過疎へ投資しても,「消滅地域」が救済されることはない。
　第2に,創成報告書は,「消滅地域」の危機感を煽るが,わずかな成功事例を紹介するだけで,起死回生秘策の提示はない。成功事例として,安倍首相が所信演説で紹介した,島根県海士町人口が,増加しているが例外的現象である。
　ほとんどの過疎町村の人口は,確実に減少しており,有効な手立てがなされていない窮状を棚上げしたままで,成功事例を強調するのは,成功しない「消滅地域」は,邪推すれば「選択と集中」という,過疎への投資を無駄として,抑制・死滅させる意図ではないか。
　第3に,創成報告書に対して,マスコミは「弱小町村の人口復元力を過小評価」し,「田園回帰」の動きなどを無視し,「創成会議の未来予測は,こうした分析を考慮せず,震災の前年を起点に人口曲線を単純に伸ばして導き出したにすぎない」[11]と反論している。
　「田園回帰」の動きは,「農村再生を実現し,脱成長型農村都市共生社会を追求する道も構想されている」[12]が,「田園回帰」が一時的現象か,持続的傾向かを決定するのは,個人の移住性向にもよるが,移住へのモチベーションを持続させるのは,政府の移住促進策が,的確に実施されるかどうかであろう。
　第4に,もっとも「消滅地域」は,国庫補助金のかさあげ,地方交付税の特例措置など,政府財政支援で優遇されてきたが,公共投資が主流であり,肝心のソフトな定住対策とか,地域産業の6次産業化といった対策は,未成熟である。
　その意味では,対策におけるハードとソフトの比率を,逆転させるという決断が避けられない。近年の状況からみて,ソフトが先行し,人口が増加し,存

続の目途がたってから，基盤整備をするシステムに変更すべきである。震災復興でも，北海道奥尻町にみられるよに，防災工事は完璧になされたが，人口減少で小学校・漁港もさびれ，公共投資の無駄がひろがっている。[13]

「地方の衰退」は市場メカニズム貫徹の結果

第6の論点は，資本主義経済のもとで，経済成長を追求すれば，地域格差が拡大し，地理的構造的な弱者は，淘汰される運命にある。すなわち「地方の衰退は，市場メカニズムが貫徹した結果である。これは別の側面からみれば，逆説的に聞こえるかも知れないが，市場の失敗の事例でもある」[14]と，成長至上主義の産物とみなされている。

第1に，地域開発において，企業利益の追求原則で開発すると，不均衡発展のメカニズムとか，東京一極集中への企業集積とかが進むという，構造的課題への認識が不足していた。さらに政府は工場分散という，誤った施策に深入りし，不均衡発展をさらに拡大させた。また実施段階では，中央省庁の利権追求の行為が，公共投資偏重主義となり，地方財政を破綻させていった。

第2に，地方消滅を回避するには，公経済からの適正な是正策の注入がなければならない。「消滅地域」の努力が，不足したのでなく，新産業都市建設など裏側で，「消滅地域」の危機がふくらんでいったが，政府は地方分散という安易な幻想にとりつかれ，人口減少地域には，過疎対策法などの恩恵的措置で片付けてきた。

一方，地域崩壊の危機にさらされた，地域社会は，「地方消滅」が，もたらした波及効果は，予想以上に広範囲で，「人為的に起こされたショックが，諸制度の急進的リセットをやめの『魔法の杖』として機能する可能性は否定できない」[15]，といわれている。例えば革新的行動への反動的施策として現れており，その最たるものは，近年みられる国土強靭化に便乗した，公共投資の復権であろうと批判されている。

さらに「グローバリゼーションの進行の下で経済構造（PTT），統治機構（道州制），国土構造（東京の国際都市化）という三位一体的な刷新が究極の姿とし

て意識されているとしても不思議ではない」(16)と，憂慮を示しいる。

地方消滅という危機が，逆用され公共投資拡大の口実，経済構造の効率化の方便とされ，地域再生をめざす地域自立・循環経済・内発的開発といった地域主義との対立が鮮明となっている。地方再生策をめぐる深層には，構造改革をめぐる対立が潜んでいる。

第3に，国土デザインにあって，政府が国家政策をきめ，地方戦略は地方が決めると提言しているが，財政措置を背景にした，中央主導型の地方財政メカニズムでは，地方が戦略を決める裁量はきわめて小さい。

増田『地方消滅』は，地方分権では問題は片付かないとしているが，大きな間違いではないか。平成の市町村大合併は，限界集落の自己努力を断念させ，制度的にも急速に限界集落の崩壊を促した。

また制度論のみでなく，運営論としての地方分権を軽視してはならない。市町村は政府の景気対策に動員され，箱物行政の建設を強要された苦い経験があり，地方再生の精神・意欲まで，削がれる羽目になりかねない。

また中核都市の振興でも，周辺との都市連携協約で機能強化をめざしているが，後背地との相互連携でなく，地方中核の一方的吸収への連携であれば，かえて中核都市圏の衰退となる。(17)

地方再生をみても，地方自治とか，地域自立とかの精神がなければ，政府財政支援も，どぶに補助金を捨てるようなのもで，なによりも地域が自主努力をする意欲が枯れてしまっては，どうにもならない。(18)

地方の人口減少がとまらない状況

第7の論点として，地方の状況をみると，第1次全総以来，巨額の政府財政支援が注入されが，周知のように格差は拡大し，限界集落・過疎地域・縮小都市の消滅・危機がひろがり，地方の人口減少がとまらない状況である。

第1に，2005年と2010年の団体別人口推移（国勢調査）をみると，特別区45.6万人増（増加率5.4％），政令指定都市441.1万人増（増加率20.0％），中核市-35.1万人（減少率2.1％），特例市15.3万人（増加率1.4％），都市122.4

万人（増加率2.4%），都市全体589.3万人（増加率5.3%）である。

一方，町村はマイナス560万人（減少率21.9%）で激減している。市町村全体では増加人口28.9万増（増加率0.2%）に過ぎない。税源配分・財源調整で，あれほど冷遇された，政令都市の人口が伸び，期待された中核市が減少となり，小中都市がかなり伸びているのは意外な結果である。

町村人口の激減は，やっぱりという感があるが，560万人減という数値には，平成大合併の最中という特殊な状況であるが，その深刻さに驚かされる。もっとも都市部人口が伸び，ことに中小都市が増加したのは，市町村合併などで周辺農村部の人口が加算されたので，その反動として町村人口の急激となっている。

第2に，地方団体別の財政状況をみると，地方財政全体の状況（『地方財政白書』参照）は，ここ10年間の推移は，財政指標では改善されているが，過疎町村など個別にみると，財政状況は悪化している。さらに単年度財政状況は改善されているが，地方債残高とか，将来負担比率などストック財政指標は依然として悪い指標である。

2012年度地方財政の財源構成比（表1参照）をみると，1つに，市町村税構成比は，政令指定都市は，多くの新規参入があり，本来の大都市だけでなくなっ

表1　2012年度市町村団体別歳入構成比　　　　　　　　　　　　　　（単位：円）

区　分	地方税	譲与税	交付金	交付税	国庫支出金	府県支出金	地方債	その他	合　計
政令市	39.11	0.66	3.89	5.76	17.16	3.78	11.10	18.54	100.00
中核市	39.53	0.77	3.17	12.44	17.02	5.13	9.44	12.50	100.00
特例市	42.20	0.74	3.42	10.75	14.42	6.13	9.12	13.22	100.00
都　市	31.04	0.86	2.80	21.04	15.34	7.22	9.31	12.39	100.00
中都市	38.06	0.78	3.20	13.85	15.50	7.43	8.83	12.35	100.00
小都市	25.89	0.91	2.51	26.31	15.22	7.06	9.66	12.44	100.00
町　村	20.33	1.03	2.08	32.93	13.98	8.00	8.52	13.13	100.00
1万人以上	23.95	1.00	2.42	28.26	15.29	7.76	8.39	12.93	100.00
1万人未満	13.17	1.10	1.41	42.12	11.39	8.46	8.78	13.57	100.00
合　計	33.37	0.82	3.06	17.19	15.73	6.17	9.64	14.02	100.00

資料　総務省『地方財政白書』（平成26年度版）資料24頁

たので，財政力も低下し，特例市がもっともよくなった。だた町村税構成比は，一段と低下し，1万人以下の町村では13.17％と，1割自治に転落している。

2つに，交付税構成比は，市町村税比率を補填するため，1万人以下の町村では，42.12％ときわめて高く，市町村税との合計55.29％で，政令市の合計44.87％を上回っている。すなわち実質的な財政力指数は，市町村で格差はなく，都市再生・地域おこしにおける財政的障害は，数値的にはほとんどないといえる。

3つに，地方債比率は，市町村でほとんど差はないが，町村財政は，今後，急激な人口減少が見込まれているが，その分，町村債償還はかなり重い負担となる。人口が2分の1になると，償還能力は交付税補填があるにしても，2分の1に低下し，厳しい財政運営を余儀なくされるであろう。

4つに，問題は過疎町村などの実際の財政運営指標である。2014年度1人当りの財政支出額は，市町村平均42.2万円，政令市45.3万円，中核市36.7万円，特例市33.5万円，中都市36.5万円，小都市45.8万円，町村（人口1万人以上）47.2万円，町村（1万人以下）88.9万円で，小規模町村が，政令市の約2倍という驚くべき高水準となっている。過疎町村は，交付税などで財源補填を多く受け，農業家への公的補填が潤沢であったので，人口減少への危機感が希薄であったのではないか，地方公務員の給与水準のラスパイレス指数も，地域事業者との比較ではきわめて高い水準を維持している。いわば過保護的施策と公共投資による一時的救済に安住して，過疎町村は，有効な地域再生策を展開せず，人口流出という厳粛な事実を軽視してきたのではないか。今日では限界集落は重症であり，政策怠慢のツケが大きくのしかかっている。

5つに，実質公債比率の10％未満をみると，市町村平均43.1％，政令市25.0％，中核市61.0％，特例市67.5％，中都市64.5％，小都市33.1％，町村（人口1万人以上）40.7％，町村（1万人以下）46.0％である。町村は，政令市よりよいが，一般市より悪い指標である。

6つに，ストック財政収支（地方債・債務負担行為合計引く積立金）は，1人当り負担額は，政令市69.6万円，中核市37.4万円，特例市32.3万円，中都市

31.2万円，小都市 35.7万円，町村（人口1万人以上）26.7万円，町村（1万人以下）37.4万円で，小規模町村の負担額は中核都市並みである。

　将来負担比率100％未満の団体比率をみると，政令市35.0％，中核市78.2％，市区78.2％，町村88.4％，市町村全体81.1％であるが，町村の数値平均よりよいが，将来の集落町村の人口減少を考えると，町村の数値は必ずしも良い指標でない。

　最近の地方財政指標からみると，全国的には過疎町村も危機を脱した状況になるが，地域社会の経済・社会状況は，一段と劣化しており，町村財政指標がよいとしても，地域運営は厳しさが，倍加しているといえる。

若年女性減少率上位20位の市町村動向

　第8の論点として，増田『地方消滅』で若年女性減少率上位20位（2010→2040）の市町村人口変動の動向（**表2参照**）をみると，群馬県南牧村は－89.9％と，2010年の99人が，2040年にはたったの10人と，約10分の1に激減すると予測されている。

　少子化・高齢化率日本一の南牧村の現実はきわめて厳しい。2014年の村人口2,292人，65歳以上が57.6％，1,321人，14歳以下の子ども84人しかいない。将来に危機感を抱いた若手が「空やバンク」を立ち上げ，368軒をみつけ，3年間で14世帯26人の移住者をみた。

　しかし，2013年の人口移動は，40人の転入に対して，94人が村をさった。高校がないため，県外へも留学しており，家族ごと転出する事例も珍しくない。しかも役場職員の約3分の1が村外からの通勤者で，村民サイドから「村民が踏みとどまる意思をもたずに，移住者を呼び込めるだろうか」[19]と，不満がでている。まず隗よりはじめよで，村内居住職員を居住手当で優遇し，村外職員の呼び戻しを図っていくべきである。

　全国の過疎地は，2014年4月時点で，全国1,719市町村のうち797市町村，4月から22町村が新規に指定され，神奈川県をのぞく46都道府県が，過疎市町村を抱えることになった。やがて市町村の半分になるのも遠くはないであ

ろう。

　過疎政策の新しい視点で，施策の再編成が必要である。「消滅地域」の厳しい現実は，第1に，上位団体は，いずれも減少率が70〜90%の激しい減少率となっている。もっとも30年間という長期の結果であるので，若年女性人口の維持・増加策が，地域社会の命運を握っているといえる。小規模町村が多いので，地域再生策の効果は期待できないことはない。

　第2に，2040年の将来人口は，2分の1から3分の1に激減し，地域は維持できず，地域崩壊・放棄はさけられない。ただ人口342人の新潟県粟島浦

表2　若年女性減少率上位20市町村人口変動の推移　　　　　　　　（単位：人，%）

市町村	若年女性人口減少	総人口				13年人口変動			生産年齢増減 14/09
		国調 2040	台帳 2009	台帳 2014	14/09	自然人口	社会人口	人口増減	
群馬県南牧村	-89.9	626	2742	2294	-16.3	-127	-50	-177	-14.1
奈良県川上村	-89.0	457	1947	1630	-16.3	-23	-50	-73	-23.9
青森県今別町	-88.2	1,211	3598	3105	-13.7	-61	-44	-105	-20.8
北海道奥尻町	-86.7	1,064	3343	2957	-11.5	-28	-48	-76	-14.1
北海道木古内町	-86.5	2,057	5531	4791	-13.4	-87	-72	-159	-17.5
群馬県神流町	-85.5	691	2619	2240	-14.5	-74	-15	-89	-19.6
北海道夕張市	-84.6	3104	11633	9774	-16.0	-184	-226	-410	-19.5
北海道歌志内市	-84.5	1271	4759	4020	-5.4	-91	-54	-145	-19.4
北海道松前町	-84.4	3162	9568	8477	-11.4	-122	-168	-290	-17.1
北海道福島町	-84.4	1660	5398	4762	-7.9	-7	-70	-141	-17.0
奈良県吉野町	-84.4	3063	9483	8356	-11.9	-130	-129	-259	-18.0
群馬県下仁田町	-83.7	3431	9706	8601	-11.4	-169	-93	-262	-13.9
徳島県那賀町	-83.7	3320	10602	9605	-11.9	-138	-82	-220	-13.9
高知県室戸市	-83.4	4868	17007	15270	-10.2	-231	-181	-412	-17.7
新潟県粟島浦村	-83.2	163	360	342	-5.0	-5	13	8	5.1
青森県外ヶ浜町	-83.1	2458	7995	6996	-12.5	-111	-117	-288	-16.6
京都府南山城村	-83.0	1223	3315	3022	-8.5	-54	-54	-108	-14.6
和歌山県高野町	-83.0	1680	3959	3452	-12.8	-68	-64	-132	-16.6
奈良県東吉野村	-82.7	631	2562	2143	-16.4	-42	-40	-82	-20.2
徳島県神山町	-82.6	2181	6767	6078	-10.2	-134	-46	-180	-12.7

註　若年女性減少率は2010→2040減少率
資料　若年女性減少率（2010→2040）・都市類型は，増田寛也「ストップ『人口急減社会』」『中央公論』（2014.6）32頁，その他は東洋経済新報社『地域経済総覧』

村の13年度社会人口は13人増加で,「消滅地域」回避の可能性の兆しがみられ,この人口予測どおりになるとは限らない現象である。住民台帳方式での2009年と2014年の最近5年間の人口減少率は,-10％前後であるが,最高は奈良県東吉野村-16.4％,最低新潟県粟島浦村の-5.0％と大きな差がある。
　第3に,13年の自然人口は,社会人口減より人数的には大きく,高齢化がすすむと,この減少傾向は拡大される。神流町の出生人口2人,死亡人口76名と,死亡人口が圧倒的に多く,町単位で出生人口は2名と淋しい限りである。
　粟島浦村も出生人口2名である。13年の社会人口増減をみると,3％前後の減少であるが,夕張市の226人が最大で,経済・財政力の低下が,人口減少を加速させる要因であることを示唆している。
　奈良県川上村のように人口1,500人程度で,社会減で50人の流出は,致命的打撃である。流出は若年層であるので,地域の高齢・少子化はすすみ,村おこしの気概すら喪失しかねない構造変化である。
　第4に,過疎町村でも人口減は,毎年,百人単位で減少しているが,数値的に年50人の定住人口を呼び込むことは至難であり,限界町村への対応は待ったなしである。「消滅地域」にとって,自然・社会人口とも減少であり,人口減少の傾向はつづくことになる。
　第5に,生産年齢人口率の変動をみると,夕張市は北海道平均-5.7％の4倍弱の高減少率であり,高知県室戸市も県平均-7.3％の2倍以上の減少率である。生産年齢人口減少率が高い市町村は,すべての人口指標が悪く,奈良県川上村は,老年人口比率54.1％（14年1月）,年少人口増加率（14/09年）－40.0％と,人口構造の劣化は深刻で,地域振興の担い手も枯渇状況にある。
　もっとも人口減少に対して「根拠なき『楽観論』は危険である一方,『悲観論』は益にならない」[20]と,無闇に落胆すべきでないというが,創成報告書自身が,有効な人口増加策がないまま,地方に無用の不安を煽っている。
　しかし,財政状況（**表3参照**）をみると,これら「消滅地域」の財政は,過疎・離島特別措置法などで,国庫補助金・地方交付税では優遇されてきたが,一方で「消滅町村」は,農山漁村の衰退で人口減少に見舞われているだけでなく,

Ⅰ 地域再生への課題と政策形成

平成大合併とか三位一体改革で交付税ショックをうけ，行政災害によって存亡の危機に瀕している。

第1に，財政力指標は，1割前後であり，生活基盤・サービスの維持がやっとであろう。地方税の比率も10～20％であり，交付税が40～60％と高く，補助金はむしろ10～20％と低い。

ただ交付税の補助金化で，基礎的財政需要以外の財源補填が行われており，補助金化に対応して，自治体は交付税算定指標の上昇を図っていくため，特定事業を展開するが，町村の自主財源を圧縮することになる。

第2に，交付税比率が，50％と高水準であり，三位一体改革のように，小

表3　人口減少率上位20位市町村財政状況（2012年度）　　（単位；百万円，％）

区　分	市町村税額	財政力指数	市町村税比率	交付税比率	国庫府県支出金率	投資的経費	実質公債費比率	積立金	地方債残高	将来負担比率
群馬県南牧村	192	0.15	8.9	61.0	12.4	279	8.6	725	2,031	38.0
奈良県川上村	165	0.11	4.8	49.0	8.2	385	16.2	6,242	1,936	0.0
青森県今別町	223	0.15	8.0	54.1	13.0	340	17.5	373	2,624	102.9
北海道奥尻町	296	0.13	8.3	61.9	9.9	269	12.8	806	4,820	81.6
北海道木古内町	440	0.18	9.8	49.9	11.8	832	8.7	1,142	4,109	67.2
群馬県神流町	192	0.11	6.2	56.2	14.3	831	6.5	5,004	2,570	0.0
北海道夕張市	890	0.18	8.3	48.1	15.1	1,148	40.0	4,613	43,485	816.1
北海道歌志内市	273	0.11	5.7	56.9	15.9	458	12.1	1,595	4,494	54.1
北海道松前町	564	0.18	10.1	53.8	17.0	857	11.0	1,276	5,890	60.5
北海道福島町	415	0.18	12.1	58.4	10.7	273	9.7	1,961	4,362	0.0
奈良県吉野町	749	0.25	13.7	48.2	11.2	253	10.9	1,381	4,965	89.7
群馬県下仁田町	962	0.30	17.3	48.9	14.3	520	10.2	1,199	5,640	86.9
徳島県那賀町	1,042	0.19	8.4	54.0	13.9	2,501	11.3	9,973	14,656	0.0
高知県室戸市	1,133	0.21	10.6	44.2	25.2	1,013	18.7	1,763	10,856	99.9
新潟県粟島浦村	34	0.08	2.8	40.2	18.5	234	9.1	640	864	0.0
青森県外ヶ浜町	547	0.17	9.0	59.9	9.1	529	13.6	2,028	8,948	133.7
京都府南山城村	331	0.25	13.9	53.2	10.5	177	14.8	694	2,478	29.7
和歌山県高野町	372	0.20	10.4	52.2	8.0	453	9.9	1,637	3,146	0.0
奈良県東吉野村	149	0.12	5.5	51.7	10.7	365	13.4	1,024	1,949	59.1
徳島県神山町	539	0.22	12.3	53.7	11.8	431	3.4	7,075	2,792	0.0

資料　総務省『地方財政白書』

規模団体への段階補正係数が改悪され，中山間地域の自治体財政は，大打撃となった。政府は，合併市町村の合併後の交付税算定の見直しを実施している。[21]

第3に，国庫・府県補助率は，比較的低水準であるが，積極的公共投資がなければ，生活福祉関係の補助が中心であり，大きくは上昇しない。ただ投資的経費をみると，8団体は地方税以下であるが，12団体が地方税を上回っている。粟島浦村は小規模団体で例外としても，神流町の公共投資は，町税の4.32倍である。

第4に，実質公債費比率をみると，全国平均で人口1万人以上町村は，40.7％が10％未満，人口1万人未満町村で，46.0％が10％未満であり，10％をこえると，公債費負担は悪いといえる。夕張市の40％は例外として，川上村などかなりの町村が，10％をこえている。

第5に，将来負担比率（地方公社など外郭団体をもふくめた，将来，一般会計が負担すべき債務と標準財政規模の比率）をみると，夕張市の標準財政規模49.9億円であるので，その8.16倍は407.2億円となり，市税8.9億円の45.8年分の債務額となる。

もっとも交付税52.7億円があるので，6.6年分となるが，夕張市は厳しい減量経営を迫られる。もっとも夕張市の財政破綻は，放漫運営のみでなく，政府・北海道庁・金融機関の不合理な対応も無視できない原因である。[22]

町村で外ヶ浜町でも，標準財政規模は40.1億円，将来債務は1.33倍の53.3億円，交付税36.3億円で，地方税と交付税合計では，76.4億円で，0.7年で返還は不可能ではないが，財政規模1割の減量経営で5.9億円しか捻出できず，約10年は積極的財政が展開できない窮状がつづくことになる。

要するに「消滅地域」の財政は，フローではよいが，ストックでは悪く，自力で地域振興，村おこし，まちづくりをする余力は乏しい。財政力指標の低さは，交付税で補填されるので，問題はないが，地方債残高・将来負担率といった，ストック指標の悪さは，ハード優先の後遺症ではないか。負担軽減は，「消滅地域」にとって多難の財政運営となるであろう。

I 地域再生への課題と政策形成

注

(1) 個別市町村の数値公表について,「今回,私はあえて『消滅可能性都市』を公表することにした。この現実を立脚点として,政治・行政・住民が一体となり,知恵を絞る必要がある。徒に悲観することはない。未来は変えられる。未来を選ぶのは,私たちである」(増田寛也「ストップ『人口急減社会』」『中央公論』2014年6月18頁,増田・前掲「人口急激社会」)と,「消滅市町村」の奮起を促がしている。

(2) 増田・『地方消滅』は,日本は人口増加から人口減少に転じ,「日本は2008年をピークに人口減少に転じ,これから本格的な人口減少社会に突入する。このまま何も手を打たなければ,2010年に1億2,806万人であった日本の総人口は,2050年には9,708万人となり,………『人口減少』という,これまで経験したことのない問題」(同前1・2頁,以下,増田・前掲「地方消滅」)に直面すると,覚悟を求めている。誇大でも誇張でもない,否定できない事実である。

(3) 人口減少の厳しい現実は,東京すら例外でない。東京特別区の若年女性人口変化率は,台東区−34.7％で,もっともよい荒川区−10.2％であり,しかも東京の出生率は,全国最低であるので,減少がはじまると,下落のスピードも加速される。同前4頁参照。

(4) 増田・前掲「地方消滅」5頁。(5) 同前6頁。(6) 同前7頁。(7) 同前8頁。(8) 同前76頁。(9) 同前75頁参照。

(10) 朝日新聞編『今,地方で何が起こっているか』(公人の友社,2008年,以下,参考文献で紹介しない文献は,出版社・出版年を記載する)の高知県大豊町をみると,さまざまの衝撃的事実に直面する。交通手段は白タクしかなく,罰金でなくなると,交通過疎となり,NPO法人・地元バスとの利害調整が難航していった。しかし,町当局は,政府の公共投資奨励で箱物行政として,「ゆとりすパーク」(24億円),「ふれあいセンター」(13億円)の建設をしてしまった。財政規模約40億円の大豊町にとって,あまりに悔やまれる施策選択のミスで,財政悪化が一気に加速した。この危機に追い討ちをかけたのが,三位一体改革の打撃で,04年交付税ショックが発生し,約5億円の交付税削減となったので,職員131人の2割22人の一斉早期退職なった。人口減少がすすむと,人口減少で棚田の維持も困難となり,耕作放棄で4割の面積減少となった。そのため96年耕作放棄地への耕作委託費を,町が直接負担する「直接支払制度」を実施した。4年後,政府はこの制度を採用実施した。しかし,05年,政府は大規模農業への「選択と集中」をうちだした。補助対象を大規模農業へ絞り込む方針である。このたびの創成報告書の「選択と集中」は,限界集落をまるごとふるいにかける「選択と集中」となる恐れがある。なお大豊町の財政推移をくわしくみると,町村税は,1996年度4.4億円,1999年度4.3億円,2001年4.2億円,2003年度4.0億円,2005年度3.7億円,2007年度4.0億円,交付税は,1996年度29.7億円,

1999年度32.2億円，2001年度30.7億円，2003年度26.9億円，2005億円25.3億円，2007億円23.5億円で，交付税ショックで3.8億円減少であり，2007年度は1999年度比で8.7億円減少で，町村税の減少0.3億円の29倍の減額となっている。国庫支出金は，1996年度4.2億円，1999年度8.4億円，2001年度2.4億円，2003年度1.5億円．2005年度3.0億円，2007年度1.4億円，県支出金6.9億円，1999年度6.8億円，2001年4.87億円，2003億円5.6億円，2005年度7.0億円，2007億円5.12億円である。人口は1995年6,979人，2000年6,378人，2005年5,492人，2010年4,729人で2,250人減，減少率32.2％である。

(11)「河北新報」社説2014.8.6。
(12) 小田切徳美「『農村たたみ』に抗する田園回帰」(『世界』2014年9月号) 200頁，以下，小田切・前掲「田園回帰」。
(13) 過剰ともいえる震災復興の公共投資については，高寄昇三『政府財政支援と被災自治体財政』(公人の友社，2014年) 参照。
(14) 奥野信宏『地域は「自立」できるか』61頁，以下，奥野・前掲「地域自立」。
(15) 小田切・前掲「田園回帰」193頁。(16) 同前194頁。
(17) この点について，「その相互作用を忘れて中心都市のみに集中投資を行う愚を犯せば，資本が集中的に投じられた中心都市が一時的には栄えたとしても，周辺の農山漁村の疲弊とともにやがては中心都市も衰えていくのではないか」(坂本誠「『人口減社会』の罠」『世界』2014年9月206頁，以下，坂本・前掲「人口減社会」)と，政策の失敗が危惧されている。
(18) 地方自治の現状について，「自治の回路がない。少なくともきわめて弱いといわねばならない。法的な主体は住民・市町村のはずだが，財政や制度的な権限を国や県が持っていて，全体の構造上，事実として住民・自治体は主体でない」(山下祐介『地方消滅の罠』84頁，以下，山下・前掲「地方消滅の罠」)といわれている。しかし，地方財政は，恩恵的供与であるとしても，最低の行政は維持でき，補助事業も大幅削減はなく，交付税の下支え機能もあり，まして中央政府でも，自治体・住民の精神・行為までは拘束できないが，主体性のない自治体は，政府施策への追随とか，府県の行政指導に盲従しかねない欠点がある。
(19) 朝日新聞2014.4.6。
(20) 増田・前掲「地方消滅」5頁。
(21) 補正は合併市町村の面積拡大にともなうものである。『地方財政白書・平成26年度版』185・186頁参照。
(22) 夕張市の財政破綻は，観光事業などの過大投資が原因であるが，小規模市に産炭地廃業後の地域再生責任を転嫁した政府，また財政運営上の借入金をはじめとする脱法的違法操作を見落した北海道庁の過失，さらに民間金融機関の強引な融資と債務圧縮なき返済保証といった拙い再建処理が，被害を増幅させており，夕張市の責任の

みが原因ではない。高寄昇三『地方財政健全化法で財政破綻は阻止できるか－夕張・篠山市の財政運営責任を追求する』公人の友社，2008年，橋本行史『自治体破たん・「夕張ショック」の本質』公人の友社，2006年参照。

2 人口減少と国土デザインの策定

　日本創成会議報告書は，なぜか人口政策より国土政策をより重視している。長期的には人口政策，短期的には国土政策で，即応的施策として，戦略的に出生率の高い，地方への定住人口増加策が，実効性のある人口政策と決め付けている。

　しかも創成報告書の国土デザインは，東京の国際競争力を抑制してでも，東京一極集中を阻止する姿勢がみられないのに，「拠点開発構想」をかかげるのは，過去にもみられた，東京一極集中への批判を，かわすためだけの撹乱施策といえる。(1)

　増田『地方消滅』は，低成長の今「その道を誤るならば，日本の将来に取り返しのつかない禍根を残しかねない」(2)と憂慮しているが，過疎対策は，40年以上も前から，人口危機を訴えており，今さらの感を禁じえない。

増田『地方消滅』の国土デザイン

　第1の論点として，増田『地方消滅』の国土デザイン（図1参照）の構成は，国土を山間集落・町村・地方中心都市・県庁所在都市・地方中核都市・三大都市圏・首都圏と

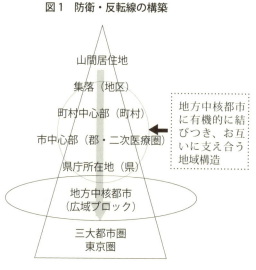

図1　防衛・反転線の構築

出典　増田寛也『地方消滅』48頁

I　地域再生への課題と政策形成

階層的構造と見立てて，底辺の東京圏へ，すべての地域の人口が流出し，東京圏へ流入していく構図となっている。

　国土構造をみると，第1に，東京都市圏は，「極点社会」として位置づけられ，全国から人口を吸収し，現在も膨張軌道に乗って増加している。(3) しかし，このような極限構造を回避するため，東京圏は，オリンピックを中止するのでない。

　海外からの「高度な技術をもった人材に主眼を置くべきで，東京圏はそうした海外の人材や資源を大胆に誘致し，世界の多様性を積極的に受け入れるベースとなる」(4) と，東京一極集中を容認している。

　さらに「五輪は東京圏への集中をさらに強める方向に作用する可能が高い。しかし，五輪開催を奇貨として，地方を含めた国土全体の再構築を視野に入れる政策展開ができるならば，かえつて『東京一極集中』に歯止めをかける機会ともなりうる」(5) と，抑制効果を期待しているが，意味不明であり，それでは手遅れである。

　では東京はどうするのか，「『東京一極集中』に歯止めをかけ，東京圏は『国際都市』へと発展」(6) させると，矛盾する表現となっている。東京は人口出生率が低く，災害リスクも大きいが，それでも東京はグローバル都市として，成長すべきとしているが，政策的には総合性に欠けるのではないか。(7)

　第2に，「地方中核都市」（国土交通省「「国土グランドデザイン2050」では「地方中枢拠点都市」）は，地域圏からの人口流出を食い止めるため，近隣市町村とネットワークを形成し，高次の機能集約型都市の形成をめざす。

　なお地方中核都市とは，「政令指定都市および中核市（人口20万以上）の昼夜間人口比率が一以上の都市である」と，全国で61都市であり，平均人口約45万人であるが，東京一極集中に対抗するには，「地方中核都市に資源や政策を集中的に投入し，地方がそれぞれ踏ん張る拠点を設ける」(8) との戦略である。(9)

　ただ総務省・国土交通省などは，予算・法制の整備を固めており，大都市をふくめた特別法として，「都市再生特別措置法」（2002年4月5日，法律第22号度）が制定されているが，具体的な都市再生地区の指定，地区への交付金措置，再生

29

への規制緩和などは，大都市圏が圧倒的に多く，地区指定をうけている。ことに東京圏の機能拡充は旺盛であり，中核都市の機能強化を確実に上回っている。

第3に，中小都市は，「定住自立圏」で「コンパクトシティ」として取扱われている。中核都市より小規模(人口数万人)であるが，地域圏の中心都市であり，戦略的には中核都市と同様に機能集約都市をめす。⁽¹⁰⁾

中小都市をめぐる環境は厳しく，国土デザインでは，持続可能とみなされているが，個別都市衰退の原因を分析して，当該都市に最適の再生ビジョンを策定し，人口流出防止に全力を傾注しなければ，本当に死滅しかねない。極端な事例であるが，夕張市は1960年国勢調査人口10万7,972人，2010国勢人口1万130人と激減し，存続の岐路にたたされている。

第4に，増田『地方消滅』では，さらに小規模の「限界集落」「消滅地域」については，地域連携システムで『小さな拠点』として，ここでも機能集約化が戦略化され，存続の可能性が容認されているが，やがて崩壊は免れないと予想している。⁽¹¹⁾

さらに限界集落・中山間地域といった地域の救済に，これ以上の財源投入は，公共投資の効果からみて疑問で，「選択と集中」を加速すべきとしている。⁽¹²⁾ しかし，公共投資効果があがらなかったのは，無駄な公共投資がおおかったからで，限界集落への定住促進など，有効なソフトの施策が導入されたのは，ここ数年である。

「消滅市町村」への対応は，立場・視点で分かれるが，たとえ限界集落で，消滅が確実視されても，住民は住む以上，消滅するまで公的支援で救済されなければならない。⁽¹³⁾

すなわち地域開発であっても，経済市場主義ですべてを処理してはならない。公害の発生・環境の破壊などを教訓とし，限界集落は，環境・文化・防災などで，防御空間として，行政は維持する責務がある。

これら山村僻地の農村部は，戦前は富国強兵の供給源，戦後は労働補給の供給源として，国家に尽くしてきた。ことに戦前の皇国農村確立方策(昭和13～19年)は，「国土計画」(昭和15年9月24日)に呼応して，耕作面積が標準

以下の農村では，適正農家を創出するため，貧農は満州移民として狩り立てられ，強引な標準農家形成の犠牲となっていった。要するに農村・農民の選別であり，棄民政策の遂行で多くの悲劇がうみだされた。[14]

創成報告書の地方創生ビジョン戦略

第2の論点は，創成報告書の地方創生ビジョン戦略である。第1に，積極策と調整策とからなる。[15] 積極的政策は，「『人』を視点とした政策を展開することが重要」[16] として，「第1に，『人口の維持・反転』を目指すことである。そのためには，『結婚，妊娠，出産，子育て』について一貫した支援を行う必要がある」[17] との方針である。

つぎに「第2は，『人口の再配置』である。大都市圏への人口流入の流れを大きく変える『人口の再配置』を目指す政策に取り組む」[18] との戦略で，地方中核都市のダム機能である。

そして政策実施の視点から，「第3は，『人材の養成・獲得』である。人口減少社会では，一人ひとりの『能力・資質向上』がよりいっそう重要となる」[19] と，重視している戦術上の視点である。

第2に，調整政策は，ただこうした人口政策が，効果を発揮するまでの暫定的施策であるとされている。[20] 要するに2つの政策は，「積極的政策」は，基本的長期的な人口政策，「調整的政策」は即応的短期的な「拠点開発構想」政策とみなされるが，ただ2つの政策を，並列的に考えてはならない。「積極的政策」がなされなければ，「調整的政策」が展開しても効果は乏しい。

すなわち出生率向上を図っていく，さまざまの社会政策が拡充され，全国人口がふえなければ，「調整的政策」は，少ない人口の争奪戦となり，東京が有利となる。

いくら「地方中核都市」といっても，東京一極集中の流れを，逆流させることはできないし，限界集落への定住施策を，実施しても支えきれない。ただ積極的政策は，その根底にある経済・社会・行財政政策の構造改革がなされない限り，人口増加の効果を発揮できず，調整的政策も挫折するであろう。

国土デザインの最大関心は「選択と集中」

　第3の論点は，国土デザインにおいて，最大の関心は，「選択と集中」によって，各地域がどうなるかで，創生会議報告書でももっとも不評な方針であったが，地域再生の財政投資の効率化から，外部の強い賛成もみられる。[21]

　第1に，創成会議をはじめ，ほとんどの政府ビジョンが，「地方中核都市」構想を，人口減少防止への核心的構想としてかかげており，発想の貧困が否定できない。

　地方都市の老朽化・空洞化（空地・空家・廃工場）をみて，ますます「選択と集中」論の勢いが盛んである。具体的には地方中核都市を，「人口減少社会における反転攻勢の砦」として，都市投資の集約化・連携強化が提唱される。[22]

　しかし，東京一極集中へのダム機能は，実際の砂防ダムをみても，流域に幾重にも建設され，土石流への機能を弱体化させている。「地方中核都市」だけで，防げるほどよわくない。極論すれば首都圏以外の大都市・地方中核都市・消滅都市，限界集落のすべてが，総動員されるべきである。

　第2に，地方創生施策の背景には，経済のグローバル化，規制緩和，円安誘導，消費税引上げなどが，大都市立地の大企業に有利に影響し，アベノミクスによる効果は，地方都市・農村部に波及がほとんどないという，地域格差への不満解消という狙いがある。

　そのため公共投資による対応が，もっとも有効な不満鎮静剤として，乱用されるパターンが繰り返されかねない。それは政権党にとって，選挙対策としても効果的であり，中央省庁にとって地方支配のため，利権的要素（天下りポスト）を増殖させるからである。

　第3に，公共投資の「選択と集中」から，創成報告書の対応をみると，大都市圏は，当然，「選択と集中」の対象外であり，政府による積極的財政支援から除外されている。

　しかし，人口減少の影響は，インナーシティでは，すでに深刻な様相を呈しており，「過密のなかの過疎」として，大都市を蝕んでいきつつある。人口的

には過疎的症状で，創成報告書では，北九州市八幡東区は，2010年7.2万人が2040年4.8万人と，33.3％の減少で，「消滅可能性都市」なみであり，なんらかの対応が必要である。

「地方中核都市」は，政府の国土デザインでも，積極的支援の対象であり，東京一極集中への対抗軸として位置づけられている。問題は国庫補助金・地方交付税など，すでに巨額の政府財政支援が注入されているが，人口増加の効果はほとんどない。中核市の人口動向（**表22参照**）をみても，増加は倉敷市のみで，人口吸引のポテンシャルは弱いが，それでも拠点都市として集中投資をするかである。

縮小消滅都市，過疎地域・限界集落などは，「選択と集中」のターゲットとされ，生存力があるのに，安楽死を強要されかねない。

第6に，「選択と集中」は，各地域への財政投資効果という単細胞的な評価基準からで，評価そのものが不完全である。過疎町村にしても，経済的効果と非経済効果（環境・景観・生き甲斐）があり，それらを包括した総合効果でなければならない。

市町村合併での大規模化が，行政効率がよいとされるが，住民生活からみれば，生活非効率であり，さらに共同体の消滅という，大きな代償を算入するとマイナスの効果となる。

「選択と集中」という財政・経済の論理に対して，「自立と共生」という生活・自治の論理で対抗すべきである。

国土デザインの氾濫

第3の論点は，国土デザインの氾濫の調整である。創成報告書だけでなく，国土交通省の「国土グランドデザイン2050」，総務省の「地方中枢拠点都市圏構想推進要綱」などが策定されている。その意図は，創成報告書と同様の構想である。今後，国土デザインでも，地方創生本部と各省庁の主導権争いを，過熱させる素因をつくりだしている。

まず国土交通省の「国土グランドデザイン2050」（2014年7月，以下，前掲

「国土デザイン」）は，創成報告書が，「消滅地域」に冷ややかな眼差しであるのに比して，温情のある方針である。

　第1に，「国土デザイン」の戦略要素は，「コンパクト＋ネットワーク」である。都市活動・サービス機能を，一定エリアに集積させて，効率的サービスを提供し，交流をつうじて新たな価値創造をめざす。

　この場合の「コンパクトシティ」は，地域によってさまざまの規模の中心都市であり，「コンパクトシティ」を拠点にし，中山間地域をふくめて，ネットワーク化して，多様性と連携によって，「新しい集積」の形成をめざす。

　第2に，高次地域都市連合の構築である。[23] 要するに大都市圏以外で，都市がネットワーク化で，相互補完を強化して，都市機能拡充をしていく方針であるが，高度成長期とことなり，工場・住宅・学校などの新規人口集積要素の進出は乏しく，困難な対応となる。

　第3に，全国的には面積的にみて，居住地域の6割で人口が半分以下になり，うち2割が無居住化となり，地域消滅の危機となると予想されている。この危機をどう乗り切れるかで，限界町村・集落は，「国土デザイン」では，「国土の細胞としての『小さな拠点』」[24] と位置づけられている。

　たしかに頭脳が，如何にすぐれていても，細胞が劣化していけば，いずれ人は消滅にいたる。地域も同様で，「道の駅」などを拠点として，積極的地域再生へ努力をすれば，存続は可能であるとみなしている。[25]

　やや我田引水の感があるが，さきにみたように「消滅地域」には存続への意欲が，湧いてくる方向づけである。「道の駅」は近来の行政施策の傑作といえ，市場メカニズムと公共メカニズムが融合した拠点であり，物品販売にとどめず，地方再生への交流拠点として，新規施策のインキュベーター・活動エネルギーの醗酵装置としての役割が期待される。

　第4に，人口増加策としては，「我国の人口を一定水準に保つためには，大都市，地方を通じ少子化対策を推進していくとともに，相対的に出生率の高い地方から，出生率の低い東京への人口流出に歯止めをかける必要」[26] と，創成報告書と同様に，低出生率の東京への人口集中が，人口減少を加速させると

I 地域再生への課題と政策形成

警告している。ではどうすれば人口の地方定住は可能かの提案は乏しい。

「国土グランドデザイン」は，国土交通省の報告書であるので，観光・防災・交通などにもふれているが，注目すべき提言をみると，第1に，「国際志向」と「地域志向」という2つの価値感が存在するが，相矛盾するものでなく，多様化のなかの2つのベクトルとしてとらえている。

要するにすべての都市が，成長・生産志向をめざす必要はなく，独自の価値観をもった，将来ビジョンをもって，存続をめざすべきとしている。[27]

第2に，「攻めのコンパクト」の実現である。IC活用などで，「新しい集積の下，人・モノ・情報が行き交う中で新たな価値の創造・イノベーションにつなげる『攻めのコンパクト』を実現」[28]との戦略を提示している。大学・企業・外国人などが，核・起爆剤・牽引車となって，地域経済の拠点を連携しながら強化していく戦略である。

「国土デザイン」の「消滅地域」への対応は，あくまでも全国的な国土デザインであるが，無視されてはならないのは，地域整備より定住化促進・農業経済強化といった，「消滅地域」への具体的人口定住施策である。グランドデザインのみが先行しても，仕方がないであろう。

また機能集約・都市連携といった方策は，都市論としては教科書的であり，人口集積能力は，それほど高いものでなく，「縮小都市」化を考えると，より直接的な施設設置による人口増加策が不可欠である。

つぎに総務省の「地方中枢拠点都市」構想をみてみると，発想は「地方創成会議」と同様の発想である。「地域拠点都市」とは「3大都市圏（東京・大阪・名古屋）以外の都市で，県庁所在市以外では，久留米・北九州・下関・呉・福山・倉敷・姫路・豊田・松本・浜松・富士・沼津などがある。

第1に，「地方中枢拠点都市」宣言をし，連携協約の締結をし，都市圏ビジョンの策定をする。第2に，「地方中枢拠点都市圏ビジョン懇談会」を設置する。

総務省は，「地方中核都市」より小規模の「定住自立圏構想」を提唱しており，人口5万人以上，昼夜間人口比率1以上で，大都市以外で，財政措置として，交付税でかなりの財政支援措置をすでに導入している。要するに「地域拠点都

表4　各省庁の国土構造における各地域の機能分担

「地方創成会議」報告書	「国土グランドデザイン2050」	総務省都市圏・地域構想
東京圏（極点社会・国際都市）	スーパー・メガリージョン	（都市再生特別措置都市）
地方中枢拠点都市圏	高次地域都市連合	地方中枢拠点都市圏構想
「コンパクトシティ」	「コンパクトシティ」	定住自立圏構想
（消滅都市）	中山間地域（小さな拠点）	（過疎地域）

市」のミニ版である。

　これら国土交通省・総務省の構想は，「地方創成会議」報告書とことなり，法制化・予算措置がなされており，地域・自治体に及ぼす影響力は大きく，浸透性にもすぐれている。そのため「国土グランドデザイン2050」は，地域選別の性格は希薄で，全国土をネットワーク化で補強していき，限界集落についても，存続に大きな期待を託している。

　総務省は，地方中核都市・定住自立都市・過疎地域自立活性化の構想で，強力な財政支援を注入しており，政策方向は固定化されている。

　これら3つの政府・政府系報告書が，現在では混在しており，しかも都市・地域の位置づけ，機能分担が類似である。いま報告書の内容から，強引に比較してみると，**表4**のようになるが，説明は省略する。

　ただ国土の現実は，国土デザインの設計をこえた状況にあり，半分以上の地域で，崩壊の危機にさらされている。北海道夕張市が有名であるが，炭鉱都市であった，歌志内市も人口は1948年4万6,000人であったが，2014年10月約3,900人と，10分の1以下に落ち込んだ。

　スーパーも，商店街も消え，人々は職を求めて，市外へと流出するが，市として人口減が，ここまで激しいと打つ手はない。国庫補助金は，「行政が企業や住民団体と共同で行う」という条件であるが，自治体の相手となる，住民団体すら存在しない。限界集落よりひどい状況である。[29]

　近年，欧州などで「縮小都市」が政策テーマとして研究されているが，人口が50年で10分の1になる状況は，「縮小都市」でなく「死滅都市」である。しかも2014年度歌志内市市税2.73億円で，地方債残高44.94億円もある多

重債務の状況で,「破産都市」であり,国土デザインを描く方法もない。

　政府が中央で,机上演習的に国土デザインとか,地域自立支援策を立案しても,極限状況にある地域には通用しない。さりとて政府が個別市町村の再生策を手がける訳にもいかない。

　結局,都道府県が頑張るしかなく,北海道庁が,では原発交付金を活用するか,札幌市に道税超過負担を賦課するか,北海道庁が再生エネルギー事業とか,福祉総合施設とかの設置など,直接的な人口定着の口火を,点火させるしか策はない。

　それは夕張市破綻をみても,産炭地域復興という,あまりにも重い政策を,夕張市に丸投げしてしまった。しかも産炭地域復興助成金という豊富な財源を付与したため,安易な観光開発へと暴走してしまったという,苦い事実を教訓としなければならない。

　いずれにせよ政府も都道府県も,このような危篤状況にある,極限地域に対しては,無関心で,マクロのレベルから予算を散布しているに過ぎない。総務省予算をみても,「地域の元気創造事業費」(3,500億円)が,交付税で措置され,個別補助事業で,「地域の元気創造プラン」(25.8億円),地域の自立促進事業(過疎対策事業)(10.8億円),さらに過疎債事業(約769億円)などがある。

　しかし,もっとも政府財政支援を必要とする地域が,補助事業では裏負担の財源が枯渇しているので,利用・交付できないようでは,由々しき問題といえる。政府の財政支援は,あくまで一般的施策であり,このような極限都市,限界集落・大都市インナーシティなどへの実効性のある再生策は,欠落したままといえる。

注

(1) かつて大都市への人口・工場過度集中への地方からの非難に応えて,大都市圏への工場学校等制限法(昭和36年3月17日,法律第17号,廃止平成14年7月)が制定され,大都市が過疎化の元凶と弾劾されたが,抑制は見事に失敗している。当時,政府としては,地方の不満を宥めるため,なんらかの大都市抑制策を打ち出す羽目に

なったが，政策的には工場・学校の進出余地がきわめて少ない，大都市都心部を規制し，大都市周辺部への工場・学校を優遇したからである。大都市から遠隔地への移転でなく，大都市圏でのスプロール開発を，奨励するナンセンスな政策選択をしたため，大都市圏の一層の肥大化の誘因となった。ちなみに当時，イギリスでは，インナーシティ問題として，大都市内部の衰退地区への対応策が注入されていったが，日本ではなんらの策もなされなかった。

(2) 増田・前掲「地方消滅」41 頁。

(3) 東京について，「東京圏はこのままだと，相当規模の若年の流入が続くことが見込まれる。しかし，これ以上の東京一極集中は，首都圏直下型地震の可能性が高い確率で指摘されている以上，『災害リスク』の面からも歯止めをかける必要がある」（同前 66 頁）と，警告はしている。

(4) 同前 66 頁。(5) 同前 67 頁。(6) 前掲・創成報告書 15 頁。

(7) 東京は「これまで国内の人材や資源を吸収し続けて日本の成長力のエンジンとなってきたが，今後は，世界有数の『国際都市』として，海外の人材や資源を大胆に誘致し，世界の多様性を積極的に受け入れるベースとなることが期待される。これにより，地方中枢拠点都市圏との間で補完的な関係を構築していくことが望まれる」（同前 15 頁）と，世界都市への成長図式のもとでの，地方中核都市と補完関係という，支離滅裂な関係を描いている。

(8) 増田・前掲「地方消滅」50 頁。

(9) 地方中核都市の効果について，「地方中核都市に再生産能力があれば，人材と仕事が集まってくる。東京圏に比べて住環境や子育て環境も恵まれているから，若者世代の定住が進み，出生率も上がっていくだろう。それだけでなく，規模の集積が進めば，その広域ブロック全体のビジネスを支え，かつ外貨を稼げるだけの頭脳，マネジメント機能も地方中核都市に期待できる」（同前 50 頁）と，まさに希望的観測を示している。

(10) 具体的には「医療施設を『まちなか』に集約すると同時に，そこと周辺部とのバス路線を整備するなど，拠点とネットワークの一体的再編について，各地域でさまざまな主体が戦略を描けるようにしていく」（同前 54 頁）と機能集約化をめざしている。

(11) 消滅地域について，「中山間地や離島から若者が流出しないことが最も望ましいが，これまでの施策では流出が止まっていないことを認識しなければならない。であれば，出て行く場合でも東京圏に行くことを防ぎ，圏域内に留まらせることが重要である」（同前 202 頁）としているが，地方中核都市が人口減少で，後背地からの流入人口の雇用能力まではないのではないか。

(12) これまでの施策は，「その多くは中途半端で，かつ生産性が低いものであった。たとえば，これまで集落がなくなるからといって，各集落のインフラを充実させて人口減少を押しとどめようとしてきた。しかし，すべての集落に十分なだけの対策を行う財政的余裕はない。結局，小粒の対策を総花的に行うことになってしまい，防衛線を

築くには至らなかった」（同前 49 頁）と，「消滅地域」への投資を，選別すべきと勧告している。
(13)「消滅地域」は，その存続意欲が問題で，「農山村の活性化とまではいかなくても，行政が集落を守る姿勢を示さないと，それだけで地域は元気を失って崩壊する。………地域を大事にするという姿勢と，地域で暮らしが立つようにして，行政は何を守ろうとしているかを示すことが大事なのである。縮小し，自然消滅する集落が出るのは防げないにしても，地域の歴史的な文化遺産，民俗的な事物などを保存することができれば，そうした地域と出身者に自信と誇りを与えることができるのではないか」（奥野・前掲「地域自立」118 頁）と，安易な選別に反論している。
(14) 戦前の皇国農村確立方策については，高寄昇三『昭和地方財政史第 4 巻』（公人の友社，2014 年）371 ～ 377 頁参照。
(15) 積極・調整策は，「地方が持続可能性を有する人口・国土構造を構築する『積極的政策』と，人口減少にともなう経済・雇用規模の縮小や社会保障負担の増大などのマイナスの影響を最小限に食い止める『調整的政策』とに，同時並行で取り組まなければならない」（増田・前掲「地方消滅」41 頁）と，両面施策の必要性が提示されている。
(16) 同前 41 頁。(17) ～ (19) 同前 42 頁。
(20) 中核都市構想は，「本格的な効果を表すまでには長い時間がかかる。その間，人口減少を前提としつつ，それにともなうマイナスの影響を最小化する努力として『調整的政策』を進めなければならない。これは『撤退戦』というべきもので，政策遂行には大きな困難が予想される。『止血政策』として，これ以上の地方からの人口流出，とくに若者流出を防ぐ対策を早急に講じる必要がある」（同前 42 頁）と，独特の戦略と位置づけている。
(21) 公共投資の「選択と集中」について，「人口が半減し，政策効果が限定される近隣市町村にさらに手厚い財政措置を講じることはできないからである。圏域全体の人口減少も顕著になるなかで，中心市をバイパスし，その郊外に公共施設や誘致企業を立地させるような『県の均衡ある発展』図式は，もはや妥当しない」（辻琢也「全国の中枢拠点都市に集中投資せよ」『中央公論』2014.7 号，50 頁，以下，辻・前掲「集中投資」）と，選別投資が提唱されている。
(22) 人口減少社会の到来に対応して，「地域経済再生を重視する安倍内閣は，今年度から『地方中枢拠点都市圏構想』をスタートさせると同時に，『集約的都市構造化戦略』を具体化させた。さらに『インフラ長寿命化計画』＝『公共施設等総合管理計画』の策定を自治体に要請している。………国としても，いちはやく，個々の公共施設の必要性を吟味し，集約化と連携強化をすすめる改革に着手したのである」（辻・前掲「集中投資」47 頁）と，説明されている。
(23) 一般的に都市は，「高次の都市機能を維持するためには一定の人口規模（例：人口 10 万人以上の都市から交通時間圏にある人口 30 万人以上の都市圏）が必要。三大都

市圏を除いた人口30万人以上の都市圏は，61から43に激減することが見込まれることから，高次都市機能を維持していくため，ネットワークにより都市圏を拡大していくことが必要」(国土交通省「国土グランドデザイン2050概要」1頁，以下，前掲「国土デザイン概要」）と提唱しているが，衰退する都市が巨額の機能再編成コストを，どう捻出するかの処方箋はない。
(24) 国土交通省「国土グランドデザイン2050」19頁，以下，前掲「国土デザイン」。
(25) ただし「旧役場，小学校等がある中心集落では一定の人口が維持される可能性。このような地域で買い物，医療等のサービスを維持することが課題。一定の移住者（1,000人集落で毎年1〜2世帯を呼び込むことができれば，地域を持続的に維持できる可能性」(前掲「国土デザイン」概要1頁）と，「消滅地域」の存続を期待している。
(26) 同前1頁。
(27) 国土デザインとして，重視すべきは，「従来の経済一辺倒の豊かさではなく，自然や地域との触れ合いを大切にする生き方も求められており，田園回帰と呼ばれるように，地域社会を志向し，地域を大切にしたいとおもう若者も増えてきている」(前掲「国土デザイン」13頁）と，「田園回帰」に期待している。
(28) 同前20頁。
(29) 朝日新聞2014.11.28参照。

3　地域創生実施システムと補助金統合

　地方創生報告書は，所詮，民間の報告書であり，政府が本腰をいれて，人口政策・地方創生をどこまでやるかである。地方創生策の政策水準であるが，補助金改革をみても，利権構造のしがらみを，どこまで淘汰できるのかである。

総合的実効性のあるシステムが形成されるのか
　第1の課題として，地方創生への実施にむけて，総合的実効性のあるシステムが形成されるのかである。第1に，政府は2014年7月25日，日本創成会議報告書に呼応して，内閣官房に「まち・ひと・しごと創生本部」設立準備室を発足させた。政府と創成会議は，示し合わせたように人口減少を背景に，アベノミクスに不満のある，地方懐柔に乗り出したといえる。[1]
　政府は，人口減少への地方危機に対応して，石破茂前自民党幹事長を担当大臣に任命し，「地方創成推進本部」を発足させ，実質的推進機関としたが，地方でも「地域戦略協議会」を設置する意向である。
　これでは政策・方針・ビジョンの天下りであり，地方自治体の下請け団体化である。地方ではすでにおおくの地域構想会議として，プッラトフォームを設置しており，創生本部が想定する，画一的協議会ではない。
　さらに政策実施には，「行政の『縦割り』を排除した総合的対応が重要」[2]，とされているが，縦割り淘汰は各省庁の抵抗で，暗礁に乗り上げるであろう。
　また中央・地方の関係をどうするのか，政府は方針と財源はだすが，実施は地方にまかせ，その事業成果を検証し，次年度の政策に活かすといった，政策・指導官庁に徹する自制機能はないであろう。
　第2に，政府の「骨太の方針2014」で示した「50年後に1億人程度の安定した人口構造を保持する」との目標達成ができるかである。「地方創生」が

成功するかどうか，期待も大きいが，不安も大きいのが現実である。

　朝日新聞（2014.10.4・5日実施）のアンケートでは，「地方創生」に期待できるかについて，「期待できる」36％，「期待できない」47％，また「人口減少に歯止めをかける」かについて，「つながる」18％，「そうは思わない」58％と，厳しい回答となっている。

　安倍首相は，平成26年9月29日の所信表明で，「地方創生」につきもっとも多く，言葉を費やしている。鳥取県大山の地ビール，島根県海士町のさざえカレーなどのヒット商品を紹介している。

　安倍首相は，「人口減少や超高齢化など，地方が直面する構造的な課題は深刻です。しかし，若者が，将来に夢や希望を抱き，その場所でチャレンジしたいと願う。そうした『若者』こそが，危機に歯止めをかける鍵であると，私は確信しています」[3]と明言している。

　たしかに個別地域において，個人の努力・気概は大切であるが，政府が過大に期待するべきでない。人口減少は構造的なもので，政策的対応が不可欠であり，数少ない成功事例を誇示するのは，明治の地方改良運動の模範村の表彰とおなじ，政策的貧困の裏返しともいえる。[4]

　第3に，石破地方創生大臣に，期待とともに不安も高まっている。問題は2015年度各省庁の概算要求をみても，総務省「地域の元気創造プラン」，厚生労働省の「地域しごと創生プラン」，国土交通省の「多様な主体・地域の相互連携による地域づくりの推進」など類似の事業がめだつ。

　各省庁の既存制度・予算・利権を考えると，創成本部の担当大臣である石破大臣の力量にかかってくるが，石破大臣は，「日本のあり方を根本から問い，次の時代に指し示す責務を負っている」[5]，「国と地方の在り方について，今でなければできないことをやり遂げたい。日本を強い国として再生させる」[6]と，意気込みをしめしている。

　石破大臣にとって，「内閣府が調整の機能を発揮できるか。そのことがすべてにかかっている」[7]「縦割りを断固として排していかなければならない。バラマキはやらない」[8]と言明している。

しかし，各省庁の補助施策の調節でとどまり，追加として目玉施策が採用される程度ではないか。異次元の改革といわれるが，中央省庁の利権構造を破壊できるのかである。

むしろ危惧されるのが，石破大臣が，しばしばテレビ・新聞で発言している，中央官僚の地方自治体への送り込みである。さきの地方創生関連法案の審議（2014.10.15）でも，この中央主導性について，「なぜ『地方創生』につながるのか。自治体の職員を大学やシンクタンクに派遣したほうがよい」[9]（民主党渡辺周議員）と，石破大臣の「中央集権的」姿勢に疑問を呈している。しかし，政府の方針は，本気で派遣を考えているようである。

覇気をなくしている地域に，外部人材を派遣するのはよいが，片道切符で地域に骨埋める覚悟での派遣でなければならない。もちろん特定事業への特定人材が，制度にもとづいて派遣されるのは，一種のヘッドハンターで容認されるが，基本的には地元人材の有効活用が，まず前提条件である。

第4に，財源面では，政府の方針は，一括交付金方式が有力であり，石破大臣は，「地方の自由度を高めると何に使われるかわからない懸念がある」[10]と不安視している。しかし，「国が『ダメだ』と言うと話がそこで終わる。実現するとすれば，懸念をどう解消するか詰めなければならない」[11]と，制度と運用のギャップに悩みを表している。

表5　政府が検討中の主な地方創生案

雇用創出	地域の特性や課題を抽出する「地域経済分析システムの開発」 各都道府県で産官学などが連携する「統合戦略本部」 都市から地方企業へ就職を推進する「地域人材バンク」設置 地方の中小企業などの経営に参画する「高度人材」の派遣支援
移住促進	地方移住について一元的に情報提供，支援する「全国移住促進センター」整備
若者支援	出産，子育ての相談・支援を一体的に行う「子育て世代包括支援センター」整備
拠点づくり	中山間地域などで生活サービスの機能を集約した「小さい拠点」形成
財政支援	地方自治体が自主性，主体性を発揮できる新たな交付金制度創設
地方分権	農地転用許可など，国から地方への権限移譲の要望をめぐる対応

資料　「四国新聞」2014.11.9。

たしかに問題は，そう簡単ではない。交付税ですら，行政改革・生産額増加のノルマを設定し，自治体をアメとムチで，事業化を誘導しているが，体力のない自治体には，過酷な奨励ノルマと化している。[12]

さらに新規財源で対応するとなると，膨大な財源をどこから捻出するか，これも紛争の種となる。いずれにせよ想定される地方創生対応策(**表5参照**)は，既存施策の強化・拡充の延長線上の施策であり，むしろ中央省庁の機構肥大化の恐れすらある。

「総合戦略」の原案と中央主導

なお政府は，総選挙後，2014年12月20日に，人口減少対策と地方創設の方針となる「長期ビジョン」と，2020年までの施策を盛り込んだ，「総合戦略」の原案を公表した。地方創生関係のみを列挙してみる。[13]

第1に，合計特殊出生率1.8を，2030年までに達成する目標は，そのまま継続されたが，政府が目標とする「50年後の総人口1億人」が，確保される出生率の推計として，「2040年に2.07」との仮定数値をしめした。

第2に，2020年までに東京への転入減・地方への転出増の合計10万人を目標数値としたが，東京都13年度台帳人口増加は，44.4万人，東京圏82.4万人で，10万人では東京一極集中は続くことになる。

第3に，地方への企業移転・地方拠点のための税制優遇を提案しているが，具体的内容は具体化されていない。従来の地方中核都市・過疎地域への優遇措置より，新規の施策がでるか不明である。また「地方創生特区」構想も，実施の予定であるが，補助特例・特区設定などで，自治体は忙殺され，本来の地方独自施策をじっくりと，策定する時間もないのではないか。

第4に，ここでも地方交付金が重要施策と目されている。しかし，一括交付金による補助金改革は，省庁の利権淘汰となるため，自治体の使い勝手のよいシステムの形成はきわめて困難であり，むしろどう打開するかの戦略・戦術が先である。

第5に，政府は2015年度から別途，「まち・ひと・しごと創生本部」施策

I　地域再生への課題と政策形成

の目玉として，地方へ就職する学生に，一定期間働くことを条件に，自治体や産業界と共同で奨学基金を設定することを決定している。[14]

ただ地方創生実施における国・地方の役割について，「地方みずらが考え，責任を持って総合戦略を推進し，国は伴走的に支援することが必要」[15] としている。しかし，「自治体に対して遅くとも 15 年度中に中長期の『地方人口ビジョン』と 5 ヵ年の『地方版総合戦略』をつくるよう」[16] 求めている。

これでは明治時代の地方改良運動における「町村是」方式の再来であり，人口 500 人程度の町村でも，ずいぶん立派な振興計画を作成したが，柳田國男が「一種製図師のような専門家が村是を頼まれて」[17] 作成したと，その実態を揶揄している。[18]

政府の「まち・ひと・しごと創生本部」は，2015 年 1 月 13 日，14 年度補正予算の緊急経済対策の目玉として盛りこんだ 2 種類の交付金の具体的なメニュー (表 6 参照) を発表した。大きく区分すると，個人消費を下ささえする「消費喚起・生活支援型」(総額 2,500 億円) と，地方の活性化につなげる「地方創生型」

表 6　地方創生関係の主要交付金メニュー

種類	施策メニュー	具体例
消費喚起型・生活支援型	プレミアム付商品券	地方自治体や自治体が指定する商店街が，発行額より 1 〜 2 割お得になる商品券を発行
	ふるさと名物商品・旅行券	ネット通販で，指定したふるさと名物商品（米・酒・工芸品など）や，地元を旅行できる宿泊券を割引で購入でき，割引分は事業者に助成
	こどもが多い世帯に対する支援	子どもが 3 人以上などの場合に商品券の割引率をアップしたり，発行枚数を増したりする
地方創生型	ＵＩＪターン助成金	地域の中堅・中小企業が，大都市の経験豊かな人材を受入れる「お試し就業」で，受け入れ費用の半額を助成（6 ヵ月上限）
	販路開拓	高いシェアが見込める地域経済の中核的な企業に対して，試作品の開発や販路開拓を支援
	観光振興・外国企業誘致	宿泊・観光施設で，無料Ｗｉ－Ｆｉの設置や多言語表示，バリヤーフリー化に対して補助。自治体による首都圏や海外での外国企業誘致セミナーを支援

資料　朝日新聞 2015.1.14

(1,700億円)である。

　事業実施にあっては,「事業ごとに件数や金額など具体的な成果目標を設定する。計画・実行・評価・改善を繰り返す『ＰＤＣＡサイクル』の態勢づくりを自治体にもとめ,政策効果を検証する」[19]との方針である。

　しかし,従来の地方再生策を拡充しただけで,特に目新しいものはない。商品券・旅行券などは,「ふるさと納税」の拡大で十分に対応でき,重複施策となり,地域によっては乱立の弊害すらみられる。地方創設型は,限界集落などでは利用できず,交付金の対象が大都市圏への間接的効果となりかねない。

　限界集落移住とか,地方都市への企業立地とか,国立施設の人口減少地域での創設とか,本来の地方活性化策を拡充するべきで,実際問題として交付金導入のための,交付金事業が繁殖し,事業効果検証といっても,単年度では測定は困難である。その点を中央省庁が十分に理解できるかである。マスコミむけの華やかな施策のみが交付金対象となり,地道な地域活動が粗略に扱われる風潮がひろがるのではないかと危惧される。

　結局,地方創生策といえる事業・施策は,総額で約1兆3,991億円となったが,政策的新鮮さのある施策はない。定住促進策として移住促進センター(1億円),農業従事者支援(194億円),空や中古住宅情報(13億円)などの充実がみられる。

　平成版地方改良運動とならないよう,慎重にも慎重を期して,事業化をすすめなければ,手術は成功したが,患者は死んだのたとえのように,補助事業は消化されたが,地方は消滅したという事態となりかねない。

　注目されるのは,政府はバラマキを防止するため,住民台帳人口動向・貿易統計などを集めた地域経済分析システムを開発する方針である。また2015年度には,小規模の市町村に国家公務員を派遣する「日本版シティーマネジャー」派遣制度(仮称)や,官庁側で相手の自治体の出身者を相談窓口にする「地方創生コンシェルジュ」など,人的支援策も実施する。

　地方の「自主性」を尊重するといいながら,実施システムは方針・財源・計画・人材のすべてにわたって,中央指導であり,ことに数値目標・経済数値に

よる努力目標・事業効果などは，地方交付税における地域再生費の補正係数などにられるいように，地方の自主性・成果実績と必ずしも合致するものでなく，過度の適用は地方再生事業そのものを，形骸化させる恐れが十分にある。

　ことに中央の地方支援が本格的となり，大規模化・高次化，そして権威化をもとめると，公共投資と同様の投資効果の半分以上は東京へ吸い上げられ，地域振興が東京肥大化となる経済メカニズムとなる，政策のブーメラン効果に注意しなければならない。[19]

　さまざまの要素を考えると，地方創生策は，小規模な施策を，メリハリをきかせて注入することで，移住者支援・地域おこし奨励・ベンチャー企業融資などで，焦らず急がず，しかも地方を信じ，"地域の力"を培養する施策がベストである。

内閣府は，各省府庁との調整ができるのか

　第3の課題として，内閣府は，ビジョン・施策・戦略と，各省府庁との調整ができるのかである。「国の各分野の計画策定………が『縦割り』となっているため，地方の長期ビジョンや総合戦略を策定するに当たって，作業が錯綜し総合性を欠いた対応となるおそれがある」[20]と，欠陥構造の指摘はできるが，弊害の淘汰となると，絶望的である。

　第1に，創成報告書のビジョンでは，すでに稼働している，国土交通省の「国土グランドデザイン2050」，総務省の「地方中枢拠点都市圏構想」「定住圏構想」など，中央省庁との競合となる。同類の戦略ビジョンであれば，屋上屋となるが，斬新な構想をうちだせるのかである。

　しかも中央省庁が，補助金・交付税・政府資金など，財源面では既得権益をもち有利であり，実際，国土交通省・総務省は，すでに「地方中枢拠点都市」などの実施体制を完成させている。この牙城をくずすことは，至難の改革となる。

　第2に，財源・法制のタテ割りを淘汰し，ヨコ割りのシステムが実現できるかである。すでにいいふるされたことであるが，日本の中央官庁は，縦割りであり，補助金行政は，強固なシステムで，容易なことで打破できない。

また各省庁は，事務事業の重複を熟知していても，「省庁間の権限に関しては相互不可侵を原則としてきた」[21]ので，傍観し自己権益の拡大に専念するだけである。

　第3に，想定される一括交付金方式は，個別補助金方式よりすぐれているが，実態は補助金のメニュー化であって，補助事業が廃止され，交付金という新システムになったのではない。

　2012年度の「地域自主戦略交付金」(6,754億円)をみると，交付金が一括して交付され，自治体はその事業メニューの中から，交付金額相当の事業を選択するが，選択した事業(**図2参照**)は，各省庁の事業となり，実施段階で拘束をうける。東日本大震災の復興事業の一括交付金も同様である。

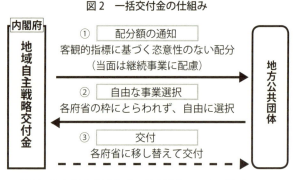

図2　一括交付金の仕組み

資料　指定都市市長会「一括交付金に関する提言」
　　　(平成22年6月14日)

　要するに自治体が，地域の実情にあつた材料で料理ができるのでなく，政府が提供した料理を選択するだけで，料理の仕方・食い方まで指示される。要するに自治体が選択後，補助事業を実施する段階で，従来どおり中央省庁の拘束をうけるので，改革でもなんでもない。この点について，最後の政策再編成のところで，再度，整理してみる。

　第4に，無数といえる補助金は，依然として健在であり，しかも年々，膨張しており，創生本部の最大の課題は，各省庁の地方創生関連予算との調整で

ある。総務省平成26年度予算をみると,「活力ある地域づくりを通じた新しい成長の実現」をめざして,「地域の元気創造プランによる地域からの成長戦略」として,47.3億円(26年度17.8億円)である。[22]

国土交通省国土政策局26(2014)年度予算概要を看ると,地方公共事業分(8,569億円)を除外した,行政経費分は63.5億円である。[23] 金額としては少ないが,ソフトな行政経費が中心で,ハードの公共投資は,別枠であり,事業化の過程で連動させると,大きな威力を発揮する。

農林水産省の26(2014)年度予算をみると,2.3兆円の予算がすべて,地域再生関係費といえるが,近年では都市・農村交流にも力点をおいており,施策の幅は拡大している。[24]

表7　各省庁の重複・競合予算（平成26年度）　　　　　　（単位；億円）

区　分	農林水産省	国土交通省	総　務　省	厚生労働省
地域政策作成		国土デザイン3億円		
農地集約・農業担い手	新規就農・経営継承66億円	地域づくり支援0.5億円		
農業支援人材事業	援農隊1億円			
農林水産物・食品高付加価値化	農業分野への新技術導入11億			
地域生産物の地域消費	学校給食地場食材活用11億円		分散型エネルギー0.4億円	里山地域再生エネルギー87億円
地域産業の育成	地域バイオマス産業化10億円	官民連携基盤整備（防災）4億		
都市農村交流	都市農村対流交付金21億円	地域社会連携地域づくり1億	中枢都市連携1億	
地域活性化	農山漁村活性化プロジェクト65億円	集落活性化事業等4億	活力ある地域づくり25億	都市型再生エネルギー451億
自然保全	農村自然・文化の再生・継承10億			里山環境保全34億
生産・流通の改善	食育推進8億		公共クラウド8.5億	
地場産業活性化	森林林業基盤づくり・地域材活用プロジェクト36億		地域経済循環創造交付金16億	里山地域再生エネルギー87億
その他		離島・半島振興等44億円	過疎・定住自立圏11億	

環境省は都市関連事業が多いとみなされてきたが、循環共生型地域社会の構築として、里山などの環境保全と地域活性化への支援を拡大している。[25]

　平成27(2015)年度予算要求でも着目されるのは、「地域雇用による人材還流」（厚生労働省366億）、総務省「地域密着型ビジネスの起業支援」（総務省36億円）、「地方小規模私立大の財政支援」（文部科学省103億円）などしかない。

　第5に、これら各省庁の予算（**表7参照**）は、かなりの重複・類似施策があり、予算の無駄が当然発生するだけでなく、地方自治体にしても、いずれの事業・施策を選択すべきか困惑する。

　また地方創生施策を項目別（**表8参照**）にみても、やはり競合・重複がおおく、補助対象が民間団体にも拡大されているので、杜撰な事業認可がなされる恐れもある。さらに深刻なのは既存の予算・法制・事業と、「まち・ひと・しごと

表8　平成27年度地方創生関連予算要求（単位；億円）

名　称	予算要求額（所管省庁）
地方創生のための交付金	地方創生に係る交付金（内閣府）新規2,000億円
少子化対策・子育て支援	妊娠・出産包括支援33億円（厚生労働省）、地域少子化対策30億円（内閣府）、待機児童解消加速度プラン235億円、子供教育環境44億円（文部科学省）
女性・若者労働等改革	女性活躍推進助成金4.4億円（厚生労働省）、地域女性活躍交付金5億円（内閣府）、次世代リーダー5.2億円（内閣府）
地域産業振興・雇用拡大	地域再生戦略交付金100億円（内閣府）、地域経済循環創造交付金30.2億円（総務省）、地域じごと創生プラン交付金331億円（厚生労働省）、ふるさと名物応援事務事業23億円（経済産業省）、広域観光形成事業14億円（国土交通省）、地域資源活用観光事業5億円（国土交通省）、地方拠点大学による地方創生事業80億円（文部科学省）、山村振興交付金15億円（農林水産省）、人材育成推進事業1億円（文部科学省）
社会基盤整備	国土計画の再構築0.3億円（国土交通省）、国土計画形成事業200億円（国土交通省）、地域再生基盤交付金96億円（内閣府）
まちづくり	集落ネットワーク10億円（総務省）、農村集落活性化事業10億円（農林水産省）、「小さい拠点」の形成事業4.5億円（国土交通省）、地域福祉のまちづくり146億円（厚生労働省）、学校拠点地域形成（文部科学省）84億円、地方中核都市圏における府県市町村連携3.3億円（総務省）、ICTによる地域成長への貢献35.8億円（総務省）
人口減少社会における課題	地方公共団体における連携強化0.2億円（国土交通省）、空き家・中古住宅・リフォーム市場活性化72.8億円（国土交通省）

創生本部」の一括交付金との調整問題であり，調整が形式的だけとなれば，実質的なバラマキの増殖となり，施策・事業も支離滅裂となり，再生策は形骸化されてしまう。

補助金統廃合の内閣府・各省庁の抗争

第4の課題として，地方再生への実現戦略・システムの論争をみてみると，すでにおおくの批判・反論がなされ，実施過程ではさらに大きな不協和音がでてくるが，最大は補助金統廃合の内閣府・各省庁の抗争であろう。

第1に，中央主導であり，地域の主体性・多様性は，中央拠点方式などの枠組み内の裁量しかない。極論すれば，新産業都市の再現であり，多くはスローガン倒れになるであろう。

しかも「地方中核都市」の機能強化という戦略目標は，抽象的であり自治体としても魅力的な投資ターゲットとなりにくい。

第2に，従来の国家戦略・国土構想への検証・反省が不十分である。「人口減少」とか「巨大災害の切迫」とか，危機感をあおり，公共投資の復権を画策しているのではないか。

一方，「人口減少」を奇貨として，縮小消滅地域への政財政支援削減の，好機とするのではないかと憶測したくなる。

しかし，実態は地方創生に便乗した，さまざまの補助金が膨張している。過疎対策（**表15参照**）にしても，本来の補助金にくわえて，過疎債があり，特別交付税措置があり，さらに各省庁の外郭団体もあり，それらをどう融合させるか，高度の行政テクニックが不可欠となっている。

第3に，実施理念をみると，地域創生といっても官治的発想の施策であり，「地方創生」という名の「地方切り捨て」（金子勝），「地方消滅の論拠が曖昧」（岡田知弘）といった批判がでている。

しかし，実際は，「集中と選択」といいながら，多くの施策が乱立しており，むしろ内閣府による，政府財政支援の「選択と集中」が必要である。このままでは，これまでの多くの国家戦略ビジョンと，類似の発想・施策であり，政策

効果は小さい。

　第4に，国・地方の関係をみると，増田『地方消滅』では，「『地域の問題は，地域で決める』という考えのもとで，地域自らのイニシアチブによる多様な取り組みを支援していくことが重要である」[26]と，分権主義が重視されている。

　しかし，「地方創生本部」は，どうみても中央主導の性格・色彩が濃厚である。方針と財源は付与するが，あとは各自治体の自主的頑張を見守るという姿勢でなく，再生策に目標を設定し，誘導する方針である。

　第5に，再生施策の戦略は，公共投資優先はさすがに影を潜めているが，マクロ経済から「グローバル経済圏」・「ローカル経済圏」，国土デザインから「地域拠点都市」・「地方都市」などの類型化がなされ，ネットワークでの連携強化で，地方都市の機能拡充を図っていく方針である。

　しかし，ネットワーク化は，あくまで都市機能の補充であり，積極的な人口誘因・雇用創出の要素ではない，「人々がその地に住み続けるには，所得機会とそれを支える地域産業の持続性が必要である」[27]といわれ，存続・成長への所得確保を，どうするかという肝心の要素が欠落している。

　要するに機能連携・集約といった戦術は，机上演習的なもので，実際の地域変化には耐えられない構想である。

　第6に，予算編成・配分において，安倍首相は，国会答弁で，「公共投資のバラマキ」と批判されたが，「予算編成では，限られた財源の中で効果の高い政策を集中的に実施する。バラマキ型の投資を行うことは断じてない」[28]と反論している。

　「『地方創生』は「選択と集中」というが，地方の切捨てではないか」との批判に，石破地方創生大臣は，「一部の地域を切り捨てるものではなく，選択と集中路線を基本理念としない」[29]と反論している。

　しかし，既存の財政支援を温存し，「選択と集中」を実施すれば，まさにバラマキであり，過去の経過が実証している。地方経済の成果指標など，不適合な指標で，財源配分するのでなく，政府が最適の財政支援システムを設定し，自治体がどう活かすかであり，国・地方とも政策選択能力が，問われるのである。

第7に、地方再生の動向を、どう判断するかである。「田園回帰」が本物かどうかであるが、政府・自治体とも、この動きを奨励するべきではないか。特産品の生産より、より直接的に人口増加が見込めるからである。

　要するにリスクと効果を考えても、公共投資と異質の補助であり、自治体では生活費補助までして移住を奨励していおり、住民サイドからも、「2010年の東日本大震災以後の『田園回帰』といわれる人口移動や、地域づくりで成果をあげて人口を増やしている小規模自治体の取組みも無視している」[30]と批判されている。

　「地方創生」のビジョンは全体として、選別志向がつよく、限界集落・消滅都市など、地域弱者へのビジョンが欠落・希薄である。限界集落についても、その対策の限界が指摘され、対策にはやばやと見切りを付けている。[31]

　公共経済学からいえば、人も地域も稼ぐ人・地域、稼げない人・地域があり、前者が後者を支援・補填するのは、公平の原理であり、きわめて重要な課題である。まして社会的弱者を選別の対象とするのは、論外であり、生活保護の支給停止とおなじ、過酷な選別で、公的機関がなすべきことではない。

注

(1) 政府の動きについて、「仕組まれた芝居のようにも見える。日本創成会議………のレポートから安倍政権の『地方創生』に至る一連の舞台回し」(松本克夫「地方からみた『地方創生』」『職員研修』2014年12月．14頁)のことで、地方に消滅の危機感をあおり、「安倍政権が地方に救いの手としてさっそうと登場する。うまくいけば、筋書きとして悪くない」(同前14)と、政府の意図が説明されている。
(2) 前掲「創成報告書」19頁。
(3) 朝日新聞 2014.9.30。
(4) 成功事例への賞賛について、地方創生施策は、「個別自治体の努力と成功事例にならうことを励行することに比重がかかり過ぎでいる。いまの『地方創生』では、国による法整備の不備が『成功にならなかった自治体』の自己責任にすり替えられて、うまくいかなかった自治体は、消滅してもしかたがない、といった論理に転化させられかねない」(竹信美恵子「働き方、女性の視点欠いた地方創生論」『職員研修』2014年12月号25頁)と危惧されている。
(5) 朝日新聞 2014.9.10。(6) 四国新聞 2014.11.9。(7)・(8) 朝日新聞 2014.9.10。

(9) 朝日新聞 2014.10.15。(10)・(11) 朝日新聞 2014.9.22。
(12) このような政府の方針について、「目標の設定や、厳格な効果検証を前提として『やる気のある地方』を支援対象とする意向をを示していることに警戒がひろがる。住民数やインフラ面などの基礎体力が弱い自治体の首長は『頑張ろうにも最低限の条件が整っていない』と悲鳴を上げた」(四国新聞 2014.11.9) と、「消滅地域」などのハンディがあると憂慮されている。
(13) 朝日新聞 2014.12.19。
(14) 若者の地元就職を支援する基金で、地元学生だけでなく、都市部の学生の地方への就職にも適用される。自治体と産業界が、観光・建築・福祉など必要とする人材に絞り基金を創設する。現在でも医学部をはじめ、同類の学費支援を府県で実施している。この制度を全国的に展開する方針で、自治体分は交付税で半分補填する予定で、年間数千人で上乗せ額数十億円と予想されている。日本経済新聞 2012 年 12 月 19 日。ただ卒業時に地方に魅力的就職先がない場合など、トラブルとなり、事務手続きも繁雑となるので、就職時の奨励一時金方式の方がベターな制度ではないか。ま学生だけでなく、移住者に対する支援金も緊急の課題ではないか。
(15)・(16) 朝日新聞 2014.12.19。
(17) 柳田國男「時代と農政」『定本柳田國男集・16』(筑摩書房、1969 年) 20 頁。
(18) 明治の地方改良運動については、高寄昇三『明治地方財政史第 5 巻』397～422 頁参照。
(19) 地方創生事業にあっても、「人材やノウハウが十分とは言えない地方自治体が、実効性のある戦略を立てられるか未知数だ。立案に関わる内閣府関係者はこう漏らす。『自治体が丸投げしてシンクタンク系が大もうけすることにならないか心配だ』」(朝日新聞 2014.12.19) とつたえられている。
(20) 増田・前掲「地方消滅」44 頁。
(21) 矢作弘『縮小都市の挑戦』14 頁、以下、矢作・前掲「縮小都市」。
(22) 平成 26 年度総務省は補助金として、「地域元気創造プラン」25.8 億円、「地域の自立促進等 (過疎対策)」10.8 億円、「地方中枢拠点都市の広域連携」1.3 億円を措置しているが、地方交付税で 3,500 億円の「地域の元気創造事業費」を措置しており、過疎債による財源補填、特別交付税による、「地域おこし支援費」などがあり、きわめて巨額の措置がなされている。なお「元気創造費」の内訳は、「地域経済環境創造事業交付金」15.0 億円を設定し、産・学・金・官連携による地域活性化をめざす。地域活性化インフラとして、社会分権型エネルギーインフラなど 9.8 億円など、機能連携広域経営調査事業 0.1 億円などである。
(23) 26 年度国土関係予算は、「国土のグランドデザインの具体化戦略の検討」2.73 億円、「多様な主体・地域偉の相互連携による地域づくりの推進」5.39 億円、「離島、奄美群島、小笠原諸島等の条件不利地域の振興支援」(45.25 億円、25 年度 30.26 億円) である。

(24) 26年度地域再生に絞って事業をみると、「活力ある農山漁村の構築」(農山漁村の共生・交流推進費102億円、再生可能エネルギー26億円)、「担い手への農地集約・担い手育成」(農地集約1,388億円、担い手育成377億円)、「農林水産物費の高付加価値化」(6次産業化177億円、異業種連携強化5億円、農林水産物の品質向上24億円)などである。
(25) 平成27年度要求で地域再生関係費だけみると、「自立・分散型再生エネルギー」(97.3億円)、「里山環境保全」(35.2億円)、「里海等汚染廃棄物対策」(124.2億円)、「環境共生型社会への人材形成」(28.1億円)などである。
(26) 増田・前掲「地方消滅」43頁。
(27) 岡田知弘「さらなる『選択と集中』は地方都市の衰退を加速させる」『世界』2014年10月67頁、以下、岡田「地方都市衰退」。
(28) 朝日新聞2014.10.15。(29) 朝日新聞2014.10.15。
(30) 岡田・前掲「地方都市衰退」64頁。
(31) たとえば「人口減少が進むことにより、地域コミュニティの機能が低下するばかりか、医療や教育といった暮らしに欠くことができないサービスが維持できなくなる。………ITを活用した遠隔医療の仕組みを導入したり、災害の危険性のある集落に移転費用の一部を補助し、集約化を促がしたりした。このような政策は、地域の機能を維持するという意味では有効だったが、いずれにしても『受け身』の政策である」(増田・前掲「人口急減社会」8頁)と、過疎対策のむずかしさが指摘されている。

Ⅱ　縮小消滅地域への地域振興政策

1 地域再生策と内発的開発の導入

若年女性増加率上位 20 位の人口・財政状況

　東京一極集中のメカニズムによって，地方は人口減少の渦中に，呑み込まれていった。全総以来の公共投資を，戦略とする地域開発政策は，「縮小消滅地域」を拡大再生産するだけであった。ただ増田『地方消滅』で，若年女性率上位 20 位の人口状況（**表9参照**）をみると，人口増加を維持している町村もある。

　第1に，若年女性人口変化率は，14 団体がプラスであるが，4 団体はマイナスである。大潟村の若年女性人口比率は高いが，経済構造が農業中心であり，雇用能力は小さく，生産年齢人口はマイナスとなっている。

　第2に，2040 年の将来人口推計は，大潟村以外はすべて人口増加であり，大規模農業であっても，人口扶養能力は高くない。もっとも増加人口も，舟橋村で約 300 人，日吉津村で約 200 人とわずかであり，全体的に人口増加率は低くなっている。今後，25 年間の経済社会環境の変化を考えると，人口増加基調が必ずしも維持できると予想できない。

　国勢調査人口をみると，全国市町村の国勢調査人口の伸びは，1995〜2000 年 136 万人，2000〜2005 年 84.2 万人，2005〜2010 年 28.9 万人と，増加人口の圧縮がみられる。住民台帳全国人口は，09 年 1 億 2,707 万人，14 年 1 億 2,643 万人，6.4 万人減である。

　第3に，生産年齢人口比率をみると，各市町村でまちまちであるが，突出した増加率はみられず，若年女性人口増減率が高くとも，生産人口の減少がみられる。さらに福岡県志免町では，13 年老人人口比率 20.1％であるが，老人人口増加率（14/09 年）19.0％と高齢化が忍び寄っている。

　第4に，注目すべきは，若年女性増加率上位 20 都市の都市類型を，増田『地方消滅』（**表9参照**）は，分類しているが，産業誘致型・学園都市型・住宅団地

Ⅱ 縮小消滅地域への地域振興政策

表9 若年女性増加率上位20市町村人口変動の推移 (単位:人,%)

市町村	若年女性増減率	総人口 国調2040	総人口 台帳2009	総人口 台帳2014	14/09	13年人口変動 自然人口	13年人口変動 社会人口	生産年齢増減 14/09	都市類型
石川県北川町	15.8	7,906	6,058	6,264	3.4	23	34	0.1	産業誘致型
秋田県大潟村	15.2	2,868	3,308	3,284	-0.4	-7	-9	-3.7	産業開発型
福岡県粕屋町	11.3	57,173	41,050	44,249	7.8	454	350	3.1	住宅団地型
宮城県富谷町	8.3	61,273	46,162	51,006	10.5	209	879	6.5	住宅団地型
富山県舟橋村	7.5	3,361	2,989	3,070	2.7	7	21	2.9	住宅団地型
鳥取県日吉津村	6.8	3,657	3,271	3,435	5.0	-194	-28	1.6	産業誘致型
福岡県志免町	4.8	51,398	42,772	45,276	5.9	220	-32	1.9	住宅団地型
大阪府田尻町	3.8	8,531	8,114	8,440	4.0	-19	267	3.7	公共財主導型
京都府木津川市	3.7	84,958	68,443	71,811	4.9	139	80	-1.3	公共財主導型
群馬県吉岡町	1.9	24,199	19,090	20,185	5.7	8	212	3.4	住宅団地型
愛知県日進市	1.8	103,147	79,527	84,830	6.7	420	158	3.5	学園都市型
埼玉県吉川市	1.7	76,443	64,383	67,595	5.0	163	340	-0.3	住宅団地型
愛知県幸田町	1.3	43,520	36,252	38,482	6.2	194	311	1.7	産業誘致型
埼玉県滑川町	0.8	21,445	16,341	17,311	5.9	34	56	-0.3	住宅団地型
愛知県みよし市	-0.4	67,808	55,622	58,088	4.4	288	107	2.7	産業誘致型
奈良県香芝市	-1.8	83,551	74,217	77,585	4.5	244	166	0.7	住宅団地型
愛知県高浜市	-2.4	50,353	42,098	43,914	4.3	86	140	3.3	産業誘致型
佐賀県鳥栖市	-2.4	77,944	67,388	70,830	5.1	95	529	2.4	産業誘致型

資料 若年女性増減少率(2010→2040増減率)・都市類型は,増田寛也「ストップ『人口急減社会』」『中央公論』(2014.6)32頁,その他は東洋経済新報社『地域経済総覧』

型のいずれも,外部依存型の都市で,産業開発型は新潟県大潟村のみである。

　大潟村のみが,自己の経済力で,地域経済を培養していったタイプであるが,大潟村は,周知のように国策として干拓した,大規模農業の例外的地域で,実質的には自力産業創造型は皆無であり,外部依存型がすべてである。自立産業創出型は,人口増加策としては全敗という,衝撃的事実がみられる。

　財政状況(**表10参照**)をみると,第1に,財政力指数は,大潟・舟橋村以外は,富裕団体であり,財政環境はめぐまれている。要するに人口状況が,そのまま財政状況に反映されているが,このことが過疎地域などでは,逆に作用し,財政状況も厳しくなる。

第2に，市町村税比率も，大潟村以外は相対的に高いが，農業が主要産業である地域は，大潟村のような大規模農業であっても，財政的には苦しい状況を余儀なくされる。地方財政問題は，農業の大規模化では解決しない。

　第3に，市町村税比率が低くとも，交付税との合計では，財源補填され財政運営には支障は発生していない。ただ大潟村の交付税比率は低いが，国庫・県支出金率39.5％と異常に高く，投資的経費比率も49.7％，うち補助事業48.6％，国庫補助金が村税の3倍，投資的経費が4.6倍という，補助金漬けの状況で，国策農政の割高な実態を浮き彫りにしている。

　一般的には地方税率・交付税率・国庫府県支出金率の合計では，財源調整がなされ，財政力格差はない。大潟村72.1％と比較して，田尻町86.5％と高いが，粕屋町72.1％は同じ，幸田町68.0％は低く，実質財政力はほとんど差がない。

表10　若年女性増加率上位20市町村の財政状況（2012年度）　　　　（単位；百万円，％）

区　分	市町村税額	財政力指数	市町村税比率	交付税比率	国庫府県支出金率	投資的経費	実質公債費比率	積立金	地方債残高	将来負担比率
石川県北川町	1,603	0.71	44.4	18.6	10.6	396	12.3	2,098	4,451	0.0
秋田県大潟村	749	0.35	10.5	22.1	39.5	3,450	6.4	1,332	4,201	57.2
福岡県粕屋町	5,693	0.80	44.3	11.5	16.3	645	18.3	2,654	9,709	41.7
宮城県富谷町	5,274	0.73	37.3	14.5	18.6	2,410	-1.0	6,163	4,254	0.0
富山県舟橋村	376	0.35	23.7	41.4	13.8	178	13.0	876	1,735	94.9
鳥取県日吉津村	1,010	0.80	46.7	14.5	17.3	248	9.3	1,144	1,699	13.6
福岡県志免町	4,910	0.71	35.5	14.6	17.7	1,899	9.1	4,548	9,919	11.6
大阪府田尻町	3,884	1.31	78.5	0.1	7.9	130	15.9	4,640	2,078	0.0
京都府木津川市	8,676	0.64	32.3	22.1	19.3	4,717	12.3	10,761	29,285	70.1
群馬県吉岡町	8,676	0.63	35.6	20.0	18.8	477	9.0	3,280	5,236	18.1
愛知県日進市	2,265	1.00	59.2	0.9	16.7	3,133	3.6	2,340	16,071	13.3
埼玉県吉川市	8,831	0.84	40.2	7.7	20.3	3,896	5.5	2,906	14,576	47.2
愛知県幸田町	7,517	8.00	54.1	0.4	13.5	2,364	8.0	3,002	8,020	0.0
埼玉県滑川町	2,978	0.88	47.8	7.1	16.4	901	11.0	998	6,474	97.8
愛知県みよし市	12,991	1.10	55.1	0.2	11.8	3,065	3.6	12,723	12,120	0.0
奈良県香芝市	8,500	0.65	31.8	16.7	14.6	2,260	21.3	2,091	37,452	191.6
愛知県高浜市	8,149	0.97	58.3	2.4	17.4	674	4.8	1,864	9,383	0.0
佐賀県鳥栖市	12,039	0.90	50.4	5.6	20.4	2,142	13.5	5,131	20,698	46.6

資料　総務省『地方財政白書』

第4に，投資的経費と市町村税との比率をみると，大潟村は町村税の4.61倍と大きいが，田尻町0.03倍，粕屋町0.11倍，幸田町0.31倍ときわめて低い。人口増加地域で，生活基盤整備が迫られているが，それにしては低い。

農村部には生産・生活活動に比較して，巨額の公共投資がなされている。大潟村の2011年度支出でも，投資的経費16.1億円（歳出構成比30.4％，市税2.32倍）とかなり高水準である。

第5に，ストック財政指標をみると，財政指標はまちまちであるが，産業誘致型と比較して，住宅団地型は，人口増加にともなって，生活施設整備費負担が大きく，滑川町・香芝市などは，将来負担比率が高い数値となっており，人口増加と財政状況とは，必ずしも一致しない。

無視できない事実は，人口動向からみて，優良な上位20の市町村も，外来的開発で人口を維持しており，地域振興策としてのぞましい，内発的開発は，地域経済への貢献度は，雇用・所得効果が小さいことから，実績はみられない。

外部資源導入・内部資源活用のいずれを選択するか

第1の課題は，外部資源導入・内部資源活用のいずれを選択するかである。第1に，外部資源誘導型（依存的開発）は，高度成長期に限定され，今日では成功する確率は，次第に小さくなってきている。もっとも外部依存型であっても，成功の確率が高い場合，地域経営の手腕をもって，有利な条件で誘致を成功させ，人口減少の危機を脱皮するのはベターな選択である。

しかし，外部依存型は，企業誘致で失敗すると，巨額の先行投資が，財政後遺症となるだけでなく，円高による工場閉鎖，原発立地ではふるさと喪失という，悲劇に見舞われる。戦後の地域開発は，工場誘致施策・開発至上主義の暴走であった，第1次全国総合開発以来の失敗を反省し，以後の全総は，その修正に苦心の跡がみられるが，成長を戦略手段とする方式は脱皮していない。[1]

第2に，内発的地域振興策の導入である。内部資源活用型（内発的開発）で，地域資源の有効活用を戦略とする，地域振興策は，「消滅縮小地域」でも活用でき，施策リスクも少ない。

表11　内発的地域振興へのシステム

区　分	従来の地域開発	将来の地域振興
政策主導理念	公共・経済・投資主導	共生・生活・サービス主導
政策目標	均衡ある国土・地域格差の是正	生活・環境・地域特性の重視
政策戦略	拠点開発構想・「選択と集中」	地域エネルギー結集・公共施策遵守
政策実施システム	財源誘導による行政システム	地域参加・連携による地域複合形態形成

　しかし，内発的開発は，施策の波及効果が小さく，地域全体としての生活維持機能の限界があり，大分県姫島村の車エビ，徳島県上勝町の葉っぱの事業をみても，事業は成功したが，地域全体の人口流出がつづいている。

　したがって政策には特産品開発を起爆剤として，広汎な6次産業化を展開し，持続的成長をめざす戦略となるが，政策的に若者の居住者がふえなければ，地域は死滅してしまう。ことに補助事業で選択・事業化を誤ると，単発的事業で波及効果も持続効果も少なく，極論すれば自治体関係者の自己満足だけであり，経済効果は疑わしい。

　内発的開発システム(**表11参照**)は，政府主導・公共投資・企業誘致といった，単純な方式でなく，さまざまの地域社会の資源(人的・経済的・社会的)を融合させて，事業化していく方式で，リスクは少ないが，広汎な住民参加，高次の経営戦略が不可欠となる。

地域イメージの戦略的価値

　第2の課題は，地域振興の戦略も，重化学産業から生活文化産業へ転換しつつあり，外来的内発的開発をとわず，地域固有の価値を戦略とするシステムが効果的となりつつある。今後，地域おこしでも地域イメージが，有力なセールスポイントとなるであろう。

　第1に，大都市圏でも例外でなく，生産機能だけでなく，港湾機能の縮小もあり，危機感をつのらせている。神戸市のコンテナー埠頭は，今や学園都市化され，港湾と無関係な跡地利用がなされているが，ポートアイランドが，生

Ⅱ　縮小消滅地域への地域振興政策

活空間としてのイメージが定着していたからである。

　要するに地域開発戦略が，生活文化産業となると，地域振興戦略の選択肢は無数となる。海という資源も，かつては埋め立をし，企業誘致という単細胞的対応でよかったが，今日では都市景観・余暇施設・海産資源としての戦略資源に変貌しつつある。

　第2に，生活文化産業がベースとなると，まず地域資源の有効活用であり，その受け皿として，産官民の協同セクターであり，大企業・自治体だけでなく，無数の営利・公益セクターが参加・協力するシステムが，主流となるべきである。

　一般的振興施策にあっても，中小企業を主力とする，内発的開発が評価され，自治体も中小企業振興基本条例などを制定して，地域エネルギーの融合化を図っている。[2]

　第3に，生活文化産業となると，戦略要素は，地域固有の文化・風景・技術などである。高度成長期，地域固有の価値を軽視し，全国が金太郎飴的にコンビナート誘致に狂奔したが，今後は地域固有の価値を保存し，価値を発信し，人々を惹き付けられるからである。

　魅力なき都市・地域は没落していくが，観光資源の多くは文化資源であるが，自然資源でも棚田のように，文化的資源としての保存が，危機にさらされいる。[3]

システムを官主導でなく民主導で形成できるか

　第3の課題は，政府主導型から官民協力型への転換が，提唱されているが，本当の官民協調システムとして，官主導でなく民主導で形成できるかである。

　第1に，中央主導から地方主導への転換がいわれるが，従来の地域開発は，中央指導の拠点開発方式による，コンビナート誘致といった画一的ビジョンであったので，自治体の選択余地は少なく，失敗の責任を政府に転嫁できた。

　しかし，国主導の公共投資先導型の開発方式は，平成不況で「国主導型の地域政策は，財源の制約などにより限界に達した」[4]が，政府・自治体の公共投資への信奉性は，根強く，公共投資への体質が，払拭されたのではない。

　第2に，地方自治体の役割として，地域構造の再構築，広域連携化，住民・

民間の主体的参加，公有資産のマネジメントなど，さまざまの変革が求められ，地域経営の素質・センスの柔軟性が，発揮できるかどうかである。

　自治体は，地域振興にあって，政府財政支援を導入するにしても，官民をふくめた地域エネルギーを，誘導・補填する機能が前提条件となる。過疎事業でも道路・医療・交通・教育施策などは，官庁的感覚で処理しても，補助効果は達成できるが，特産品のブランド化・販売促進となると，経営的センスがなければ，補助効果は確保できない。しかも補助事業の成果指標が，販売高の増加率で明確化されるので，誤魔化すことはできない。補助事業のソフト化は，多くの場合，従来の公共施設型とは異質であることを，十分に認識しておく必要がある。

　自治体が，中央省庁に日参し，補助金事業を確保することは，地域振興の有効な戦術であるが，その前提条件として自治体が，地域社会のエネルギーを引き出し結合させ，実施へ調整する，コーディネイター・プロモーターとしての機能を，磨かなければならない。

　すなわち自治体に求められているのは，補助獲得でなく，enabler（物事を可能とする人）としての能力である。おなじような役割は，地域金融機関も，単なる地方債の購入，地域への融資だけでなく，融資をつうじて地域振興を牽引する，企画力・支援力が求められる。

　第3に，政府財政支援の決定は，ソフト事業化がすすむと，事業採択の選別が，きわめてむずかしくなってくる。まず自治体は主体性をもって，対応しなければ，誤謬の選択で大きな損失を被る。

　中央省庁も，地域づくりの方針として，「伸びる地域をできるだけ伸ばし，立ち遅れた地域は対象を絞って集中的に助成する」[5]などと，いわれるが問題はその判別である。

　商店街再生などでも，再生への意欲・プロジェクトは，外部から容易に判別できない。たとえば和歌山市の駅前みその商店街を，「小さいけれど専門店が列をなす………『日本一のソーシャル商店街』」[6]をめざして，再生させていった。しかし，外部からみると，福祉拠点で商店街が復興するのかと，蔑視され

たであろう。

　政府・自治体・金融機関は、「選択と集中」といった選別志向でなく、政府は再生事業が動きだした事案の段階で、再生策を診断し、複合効果を審査して、積極的に助成・融資する、共生志向で対応すべきである。

　要するに中央省庁は、自治体の補助申請を、鵜呑みすることなく、自力でのある程度の事業実績をみてからでも遅くはない。中央省庁は、地域社会の新しい動向・ニーズを把握・分析して、補助事業を構成していけば、失敗の確率は、きわめて少なくなるはずである。

　第4に、政府の地域振興戦略にも、変化がみられる。補助金から官民協調への融資支援で、自治体のみでなく、民間セクターへの支援がふえ、補助金ではなく、協調融資などが奨励されている。

　それは少ない公的資源を補完するには、「住民・民間の主体的参画」によって、民間エネルギーを引き出すしか選択肢はない。総務省の地域循環経済創造交付金をみても、民間起業への協調融資であり、公共投資主導でなく、地域セクターの起業化への公的資金の協調融資であり、地域おこしの共同化への融合剤でもある。[7]

地域振興システムの変革

　第4の課題は、地域振興システムの変革である。地域社会が独自の判断でリスクをとり、自己責任で遂行すべき施策である。自治体への補助事業は、リスクもないし、費用効果の検証もなく、行政責任の追求のない、行財政風土が無駄の温床となっている。中央省庁だけでなく、自治体の責任ともいえる。

　第1に、これからの地域振興は、「地域の資源や技術、産業、そこに暮らす人々の英知や能力にも多様性がある。………各地が自らの身の丈に合ったイノベーションを考案し、実現していくこと」[8]であると、戦略の見直しを迫られている。

　地域社会は、地域経済の雇用・所得を継続して創出でき、自己還元・環境型地域経済を形成していく戦略を、策定しなければならない。企業誘致より地場産業の高度化、大型店舗より商店街再生、大規模農業より農業の6次産業化

などで,地域経済の再生産システムの形成である。

　第2に,自治体の地域経営能力・センスは,依然として管理的発想で,むしろ地域経営を蔑む気風があった。公経済における営利主義と,公的資源の有効活用とは次元の異なる問題である。

　地域環境事業の運営であっても,事業方針は,事業における費用効果にとどまらず,収益性追求は,事業の持続性のため必要である。なぜなら道路・学校といった公共投資でなく,特産品の生産・販売,再生エネルギーの事業化,観光施設の建設・運営など,多かれ少なかれ市場経済のメカニズムの洗礼をうける事業である。すなわち経営形態としても官民セクターであっても,事業運営戦略は,収益性の追求が求められる。

　もっとも純粋の企業経営とことなり,事業の公益性におうじて,収益性の度合いは緩和される。しかし,それは利潤追求でなく,公益還元のための公費の浪費を回避し,公益性の社会還元という,経営戦略の許容の範囲内のみである。[9]

　また政府財政支援も,「国も自治体がみづから稼ぐことに注力するように,交付金や補助金ではなく,投資や融資に支援策を転換すべきです」[10]といわれている。今後,地域再生では,公共分野より市場分野の施策がふえ,ますます事業収支均衡化の要請が高まっていくからである。

　第3に,「縮小消滅地域」にあっても,水平的連携としての企業・大学・地域連携による,地域特産品の高品質化・ブランド化・販売システム化など,特定企業の努力だけでは限界がり,連携方式が導入されている。

　問題は,だれが連携のプロモーターとなるか,それは施策推進で主導的機能を発揮したセクターが,役割をになっていくのがベストである。ただ中央政府が,このような根気のいる仕事を,担えるはずがなく,さりとて地方自治体が,単独でできるかといえば,多くは民間セクターの協力が不可欠である。

　また外部セクターを呼び込む,連携セクターのシステムが,プロジェクトの牽引車として,その活用がひろがっているが,「地域の自立が大事なのは,そこから他の地域との交流が生まれ,交流による連携で双方に新しい価値が生みだされるからである」[11]と,連携の質が問題となる。

地域社会は，さまざまの要素を配慮して，具体的にどのような地域戦略を選択すべきか考えてみよう。まず単純な公共投資は，効果は一時的で，一般市町村では，公共投資の地元還元は，3分の1程度に過ぎない点を十分に考慮しなければならない。[12]

しかも公共投資主導型の地域振興は，小泉内閣によって半減され，地域経済は禁断症状に陥ったが，アベノミクスで再浮上しつつあるが，自治体は公共投資型を自制すべきである。

外来的開発方式の成果検証

第1のタイプの外来的開発をみてみる。第1に，企業誘致型で，事業リスクがあり，地域企業として根付いてくれるか不安がある。成功例として，石川県川北町，福島県粕屋町，鳥取県日吉津村などがあげられ，人口増加効果はきわめて大きいが，地域社会との関係で，市民企業として活動してくれるかである。

今日でも，企業誘致型は，もっとも効果的な戦略である。鳥取県は倉吉市にアニメ・キャラクターメーカーのグッスマ（東京本社）の誘致に成功したが，地域の誘致戦略がキメ手となる。鳥取県は「まんが王国」をかかげて，イメージに合致する企業を誘致し，企業側もイメージを選択要素としている。もっとも鳥取県の手厚い支援策があったが，一般府県と同様である。[13]

企業誘致型で，特殊なタイプが，政府の大型施設の誘致であり，岩手県一関市が誘致をめざすILC（国際リニアコライダー）という物理学の実験装置である。この装置によって1万人以上の人口増加が見込めるとしているが，果して期待どおりにいくか疑問である。[14] 今後，人口減少に悩む地域社会に，はさまざまの誘惑が発生するが，地域社会はマクロ・長期の視座から選択すべきである。

原発誘致も，多くの地域で住民紛争となった。巨額の原発立地交付金が入り，財政力指数は，実質的には1.00をはるかに上回っている。しかし，原発立地自治体は，基盤整備とか箱物行政に財源を浪費し，地域産業の創設といった，本来の地域振興へと連動していない。極端な事例では新潟県柏崎市のように，財政肥大化で財政危機に陥っている。

第2に，住宅団地誘致型（ベットタウン型）も，人口増加の視点から注目されている。福島県粕屋町は，若年女性人口変化率11.3％増の全国4位であるが，住宅団地誘致型は，人口変動の大きなリスクがある。

今日，大都市圏における高度成長期のニュータウンは，人口流出・高齢化などで苦境に喘いでいる。同一年齢階層が，一時に大量に移住してくるので，保育所・小学校・中学校などが急増するが，やがて高齢福祉施設が，行政需要として一気に噴出する。

第3に，公益施設誘致型（公共財主導型）で，学校・研究機関・福祉施設・観光・商業施設などあらゆる施設が該当する。地方では福祉・医療施設も，人口誘因の大きな戦略要素とみなされている。

公益施設誘致型は，基本的には企業誘致・住宅団地型と同様であり，自治体は工場誘致と同様のリスクがあり，先行的整備型は慎重に，誘致をすすめるべきである。また交通機関の整備が，人口増加に拍車をかけるケースは少なくない。

しかし，交通利便性は，反対にストロー効果もあり，地域経済力の流出誘因となる。要するに当該地域が社会，人口・企業・観光客・学生・研究者など，都市の魅力でいくら呼び込めるかで，交通機関の整備効果は決定される。

内発型地域振興策の実証分析

第2のタイプである内発型地域振興をみると，外発型のように一気に人口増加効果がでなく，事業化に成功しても，即効性はなく，長期の持続的対応が必要となるが，政策対応としては安定性がある。

第1に，観光資源活性型は，もっともオーソドックスな振興戦略で，地域資源の高付加価値化，地域経済社会への波及効果もすぐれている。戦前では軽井沢，戦後では北海道ニセコ町が成功事例である。

ニセコ町は，観光開発で「通年型の世界的一大リゾート地に変貌を遂げて」[15]いった。もっとも人口は，1955年8,4351人，2014年4,835人と減少しているが，以後は減少を食い止めている。

開発システムとして,「特筆すべきは,外国人観光客の動きを敏感に捉えてた自治体や地元商工会の受け入れ態勢」[16]といわれている。さらに定住外国人による観光事業の創生・事業化の成功である。[17]

第2に,農林水産業再生型である。「地方創成会議」報告書は,秋田県大潟村をあげているが,周知のように政府による大規模干拓のモデル事業であり,適切な事例ではない。ただ大規模農業は,所得水準も高く,若年女性人口変化率15.2%,全国2位という,高い地域経済力を実証している。

しかし,「農業の大規模化,産業化が進み,人口も安定している大潟村は,農村部からの若者流出に歯止めをかけているきわめて重要な事例である」[18]といわれているが,流出人口をうけいれる能力は,農業は製造業・観光業などに比較して小さく,大規模農業は,一般的には人口政策としては不適格である。

第3に,地場産業のハイテク化・グローバル化である。福井県鯖江市は,眼鏡フレームの産地である。人口推移は1956年から増加基調で,2012年6万8,046人,2014年は6万8,892人である。しかも中国産の安値攻勢にも耐えて,生産は縮小しているが,事業所単位の出荷額は上昇している。

鯖江の眼鏡産業は,「激しいグローバル化の波にもまれつつも,絶えず立ち向かうチャレンジ精神旺盛な企業経営者が多いといわれる。このことが,市独自の産業を底堅いものにし,人口流出をおさえている」[19]といわれている。中小企業は,意外と生命力は逞しく,地域社会を支えている。[20]

地場産業のおおくが,海外の安価な輸入製品で大打撃をうけたが,愛媛県今治市タオル業界,神戸市長田のケミカル・シューズなどは,高級化・ブランド化・多品種少量生産化などで対抗し,ともあれ存続している。

第4に,サービス創設・復興型である。典型的事例が商店街再生であり,休耕田活用であり,景観保全による観光開発であり,特産品のオーナー制など,さまざまの施策が展開中である。

近年,注目をあびているのは,長野県佐久市の福祉医療施設による移住者確保・地域経済の拡大である。たしかに最近の補助事業をみると,高齢者・障害者・児童などのサービス分野への拡大・充実がみられ,公的制度活用はかなり

の妙味がある。

　東京都では特別擁護老人ホームがすくなく，民間施設は入居一時金が巨額で，周辺県への高齢者移住がすすんでいる。有料老人ホームの平均一時入居金は，東京都918.2万円，神奈川県474.3万円，京都府479.2万円に対して，富山県12万円，宮崎県12.4万円，三重県25万円と大きな格差がる。[21]

　「住所地特例」措置を活用すれば，受入自治体でなく，もとの自治体が公的負担を支払うので，財政的負担は心配する必要はない。しかし，病院はともかく，介護施設は，アフターケア（親族死亡など）などさまざまの問題がおこるので，民間セクターで運営がのぞましい。

　自治体の地域再生策選択は，ますます選択肢が広がっているが，地域の特性，ことに遊休資源（マンパワーをふくむ）との関連が大きなポイントとなる。ただ環境事業・在宅サービス・再生エネルギー・特産品開発・観光施設などは，信頼でき事業遂行能力が高い，民間セクターとの共同事業・委託方式を拡充していく方針が，ベターな選択である。

　地域社会にとって，これからはNPO法人など，官庁とは独立した，公益法人や，コミュニティ・ビジネスなどの，積極的活躍が期待される。自治体は事業体でなく，支援をベースとした，プロモーターの役割が重要となっていくだろう。[22]

注

(1) 地域経済振興の選択について，「たとえば地方は，長らく地域の…"内"にないものをいかに"外"から持ってくるかに尽力してきた。その象徴が公共投資と企業誘致だった。地域は『都会にあるものが地元にはないこと』を強調した。そのため，地元有力者が強調したのは『中央との太いパイプ』だった。"外"とのつながりが"内"に対する優位を決定づけた」（湯浅誠・「新しい日本人」『文芸春秋』2014年5月285頁，以下，湯浅・前掲「新しい日本人」）といわれている。外部依存型の所得効果は，即効性があるが，地域経済力の培養という点では効果はうすい。地域社会も外部依存型の経済メリットへの依存心を膨らましていったが，多くは地域振興に失敗している。

(2) 中小企業振興基本条例については，岡田・前掲「地方都市衰退」73頁参照。

(3) この点について,「地方の中小都市は,便利になることで,古くからあった伝統や文化を捨てて,どこも同じようなまち並みになっていく危惧をかんじます」(林口砂里;オピニオン「中小都市から考える」朝日新聞 2014.12.5)と,苦言が呈せられている。
(4) 小峰隆夫「公共投資回帰では何も解決しない」(小峰隆夫「公共投資回帰では何も解決しない」『中央公論』2014 年 12 月,43 頁,以下,小峰・前掲「公共投資」)。
(5) 同前 44 頁。
(6) 湯浅・前掲「新しい日本人」389 頁。
(7) この点について,「持続可能な地域づくりには,行政だけの取組には人員・財源面で限界があり,高齢者や女性を含む地域住民・民間企業の積極的かつ継続的な参画が不可欠である。………更に,まちづくり会社,NPO 法人等が,行政の補完に止まらず,公共・公益性と経営者の視点を併せ持つ地域づくりの主体として地域をマネジメントする」(日本政策投資銀行・人口減少問題研究会最終報告書『地域社会の活力維持・成長に向けての取組と連携プラットフォームの形成』15 頁,以下,前掲「プラットフォーム形成」)ことの重要性が指摘されている。
(8) 朝日新聞 2014.11.22。
(9) この点について,「行政が,従来の公共事業のやり方から脱却し,『稼ぐ』という発想に切り替えるカギは,首長の経営マインドです。………これまでの行政は『ムダを削る』という総務部的な発想ばかりでしたが,これからは『いかに稼ぐか』という営業部的な発想が必要です」(木下斉;オピニオン「中小都市から考える」朝日新聞 2014.12.5)といわれている。
(10) 同前朝日新聞。
(11) 奥野・前掲「地域自立」40 頁。
(12) 条件不利な地域では,どうしても安易な公共投資主導型となる,「離島や山村では,なかなか雇用吸収力のある産業の立地は期待できない。そこで,公共事業を実施することによって,土木・建設業の雇用をいわば強制的に増やそうとした」(小峰・前掲「公共投資」43 頁)が,それでは持続的地域の発展はのぞめない。
(13) 進出先として倉吉市の空き工場(約 3,000㎡)で,県条例にもとづき,設備投資額 4 億 2,000 万円の 45%と,工場賃貸料 5 年分の 5 割の計 2 億 2,650 万円を補助する。3 年間で 100 人雇用する予定である。朝日新聞 2014.12.3。この補助が高いかどうかは,工場が長期にわたり稼動すれば,地域経済の収支均衡は成立する。さらに 100 人の雇用は,家族をふくむと全体で 200 人にふくらむ,さらに企業活動による関連消費・投資もあり,最終的には 300 人をこえる地元消費になるのではなかろうか。
(14) 山下・前掲「地方消滅の罠」71 〜 88 頁参照。
(15)・(16) 増田・前掲「地方消滅」137 頁。
(17) 成功の一因として,「ニセコ町のように,外部の眼によって地元の魅力が浮き彫りになることは決して珍しくはない。全国の自治体にとって,観光は大きなポテンシャ

ルのある産業である。必要なのは，多くの人々を迎え入れるにあたっての地元の熱意と柔軟な思考である」(同前138頁) といわれている。
(18) 同前134頁。(19) 同前136頁。
(20) 東日本大震災の復興は，ハードの基盤整備でなく，ソフトの地域産業の復興がカギをにぎっており，無数の小規模法人が活躍している。宮城県山元村の植物型農業工場を運営する農業生産法人・株式会社ＧＲＡは，復興融資５億円で，ＩＴ農業でイチゴ栽培で，1粒1,000円のイチゴを生産している。イチゴハウスは，温度・湿度・風力・CO_2・光をコントロールし，高品質のイチゴを安定して供給できる生産システムを完成させた。おなじ東日本大震災復興で，宮城県石巻市の機械メーカー，株式会社ＰＳＳは，農協の要請で，枝豆の皮むき機械を作成し，省力化だけでなく，皮の外見だけで破棄されていた豆の商品化となり，経営効率に大きく貢献している。要するにローカル圏のニーズに対応して経営戦略の成功である。資料 東日本大震災復興と地域社会；ＮＨＫテレビ 2014.10.5。
(21) 朝日新聞 2014.12.8参照。
(22) 髙寄昇三『コミュニティビジネスと自治体活性化』(学陽書房，2002年) 参照。

2 過疎対策の現況と政策検証

　田中角栄は,「日本列島改造論」で,「地方では過疎による荒廃がすすんだ。表日本と裏日本の発展のアンバランスは,いまや頂点に達しつつある。こうした現状を思い切って改めなければならない」[1]と強調している。
　しかし,過疎法などが制定され,40年間に巨額の財源が注入されたが,限界集落はひろがり,今日も人口減少への歯止めが効かない。なぜ巨額の財源投入が,人口減少を食い止められなかったのかが,最大の検証課題である。[2]

若年女性人口減少率上位20市町村における産業別人口

　巨額の過疎投資による人口動向を,若年女性人口減少率上位20市町村における産業別人口(**表12参照**)でみると,第1に,限界集落といっても,1次産業の比率はきわめて低く,13年南牧村12.1％,川上村10.7％,歌志内市3.5％,吉野村4.0％と低い状況にある。もっとも歌志内市は,もともと炭鉱地域であり,鉱業地帯であったので低いが,吉野村は農村地区である。
　第2に,第3次産業の比率が高く,農村といっても,産業別ではサービス産業地域であり,しかも行政関連の関係者が多いという特徴がみられる。奥尻町の13年3次産業は72.8％,吉野町62.6％,室戸市62.5％と,高い構成比である。結果として第2次産業も低く,奥尻町14.0％,粟島浦村8.3％と低水準である。
　第3に,第1次産業の従事者の減少は,「消滅地域」にとって大きな痛手で,17年国調と22年国調をみると,川上村で-35人(34.7％減),東吉野村－30人(23.8％)と大きな減少であり,農業の6次産業化という,再生戦略も策定できない。

表12　若年女性減少率上位20位市町村の産業別人口　　　　　　　　　　（単位：人）

区　分	平成17年国勢				平成22年国勢			
	第1次	第2次	第3次	合計	第1次	第2次	第3次	合計
群馬県南牧村	132	431	526	1,089	104	349	446	899
奈良県川上村	101	188	457	746	66	175	378	619
青森県今別町	306	503	744	1,553	236	358	690	1,284
北海道奥尻町	234	298	1,220	1,753	191	205	1,060	1,456
北海道木古内町	291	728	1,512	2,531	236	621	1,332	2,189
群馬県神流町	95	377	662	1,134	101	280	546	927
北海道夕張市	744	1,261	3,632	5,637	640	1,172	2,848	4,660
北海道歌志内市	26	485	1,381	1,892	54	418	1,071	1,543
北海道松前町	679	1,820	2,168	4,667	465	1,264	1,982	3,711
北海道福島町	368	1,079	1,059	2,506	332	885	1,015	2,232
奈良県吉野町	194	1,560	2,621	4,375	148	1,224	2,300	3,672
群馬県下仁田町	600	1,976	2,339	4,915	436	1,602	2,066	4,104
徳島県那賀町	1,048	1,674	2,423	5,145	888	1,139	2,953	4,980
高知県室戸市	1,412	1,416	4,225	7,053	1,161	1,084	3,741	5,986
新潟県粟島浦村	151	26	161	338	98	24	167	289
青森県外ヶ浜町	852	936	1,802	3,590	678	602	1,684	2,964
京都府南山城村	362	374	1,014	1,750	250	295	924	1,469
和歌山県高野町	129	318	1,812	2,259	99	269	1,617	1,985
奈良県東吉野村	126	321	609	1,056	96	256	477	829
徳島県神山町	1,176	835	1,503	3,514	911	630	1,363	2,904

資料　総務省『地方財政白書』

過疎地域・限界集落をどうみるか

　第1の課題として，過疎地域・限界集落をどうみるかである。「消滅地域」への政府・研究機関の見方は，必ずしも一様でない。第1に，創成報告書は，限界集落への認識は，端的にいえば，「すべての市町村はすくえない」という，「選択と集中」の方針で，「消滅町村」は，淘汰をせまられるであろう。

　創成報告書では，「消滅地域」は，拠点都市のネットワークのブランチに過ぎない位置づけで，生活防御の都市依存を，前提とした存在と化している。限界集落の独自の価値は，あまり評価されず，消滅すべきマイナスの地域とみなされている。

Ⅱ　縮小消滅地域への地域振興政策

しかし，限界集落は，消滅すべき運命にあるにしても，経済ベースで淘汰されてはならない。それは生活保護行政とおなじであって，生活保護行政は，受給条件に合致している，すべての国民は平等に救済され，就業支援によって自立化する可能性もあり，生活保護を安易に停止・拒否すべきでないのと同じである。(3)

第2に，「国土グランドデザイン2050」は，限界集落に対しては，存続・維持の方針である。限界町村・集落は，国土デザインでは，「国土の細胞としての『小さな拠点』」(4)と位置づけられている。

たしかに頭脳が如何にすぐれていても，細胞が劣化していけば，いずれ人は消滅にいたる。その意味でも限界集落は，「国土デザイン」，「道の駅」を拠点として，存続すべきとの方針を打ちだしている。(5)

第3に，農村擁護論に対して，都会人の感覚として，東京圏としては，東京一極集中でなにが悪いのか，東京はいつまで地方を支援するのかという不満がある。

しかし，東京は独自で存在できるのか，電力・水資源依存度が高く，二酸化炭素の排出率が高く，吸収率は低く，しかも老人介護施設すら，周辺の市町村・民間施設に依存しており，経済力があるからといって奢るべきでない。

まして首都直下型地震に見舞われれば，仮設住宅用地すらない状況である。過疎町村・限界集落の消滅を，阻止しなければ，東京が如何に繁栄しても，環境メカニズムの復讐を受け，東京は閉塞し，日本経済も崩壊するであろう。(6)

そもそも東京圏の企業集積は，軽い租税負担と劣悪な生活環境で成立しており，東京圏への企業負担を強化すべきだ。たとえば固定資産税評価をみても，市場価格との差は全国一律であるが，超過累進課税を採用しなければ，東京の大企業はきわめて有利である。

このような制度の歪みで発生した，格差の是正は必要で，個人でも地域でも企業でも，構造的要因・環境変化によって，社会的弱者と強者が，自己努力に関係なしに発生する。そのため公的経済が支援し，経済的均衡・社会的公平を，維持しているのである。

第4に，現実の問題として，限界集落に無限に財政支援を投入できないのも事実である。

　北海道夕張市で集落再編成をめぐって，市・住民の対立が発生している。産炭地・夕張は，旧炭鉱ごとに集落が存続しており，広大な市域に集落が散在し，行政コストが割高となっている。典型的ケースが，公営住宅約3,700戸は，4割が空き家で，しかも全人口が1万人をきってしまった。

　公営住宅の集約で，10年間で1億円が節約できるが，住民の反対は激しく，職員による説得がつづいている。鈴木市長は，「破綻を経験し，市政への意識が高い夕張でさえ難しい。市民一人ひとりとの信頼関係を築かないと何も始らない」[7]と，住民を行政コストの観点だけで，説得できないのが，一般的感覚である。[8]

　しかし，夕張は極端な事例としても，限界集落をどうするか，10年以内に消滅する，全国過疎地域の集落は，かなりの数が消滅する運命と予測されているが，自治体は，限界集落の存続への努力をつづけ，その後に結論をだすべきである。

　はじめから諦めて，選別を示唆するのは論外である。新潟県旧山古志村（現長岡市）をみても，大災害から奇跡の復興を成し遂げている。ただ行政が，集落存続・消滅・再編成について，施策を提示し，住民全員の合意を前提として，集団移住も選択肢として，提案せざるを得ないであろう。

　第5に，新しい「消滅地域」再生論も，芽生えつつある。消滅危機の克服過程で，「人口減少とその先に描かれた自治体消滅の予測を『好機』として，従前からの社会的仕組みや制度を，新たにセットし直すという発想」[9]，すなわち「制度リセット論」が胎動しつつある。

　要するに人口減少は，構造改革なしに成功できない。早い話が，農政・補助金改革なしに，有効な過疎対策は成立しない。「消滅地域」の危機をバネに，日本の経済・財政・社会構造の歪みを淘汰する，試みが実施され，やがて構造改革が実施される。今日の6次産業化・有機農業・再生エネルギー事業など，補助金のソフト化を促進したのである。

改革への兆しは,「田園回帰」への動きにもみられるが,大きなエネルギーとなっていくには,住民・団体の活動だけでなく,政府をも捲き込んだ改革のエネルギーが必要で,たとえば,移住が本格化すると,休耕田・遊休地の農政規制の撤廃が必要となり,農業既得権打開として展開されるだろう。

日本の農業をどう考えるか

第2の課題として,日本の農業について,どう考えるかである。第1に,農家の個人的努力で,再生の道はひらかれるかである。

安倍首相は,「日本は瑞穂の国です。息をのむほど美しい棚田の風景,伝統ある文化。若者たちが,こうした美しい故郷を守り,未来に希望を持てる強い農業を創ってまいります」(10)とのべている。

しかし,現実は厳しく,首相の地元,山口県長門市東後畑地区の「日本の棚田百選」にもえらばれた,約50haの棚田のうち15haが耕作放棄地になった。棚田崩壊の危機は全国にひろがっている。

栃木県那須烏山市国見地区の「日本の棚田百選」の棚田も,50枚のうち40枚近くが耕作放棄地になった。15年前,「日本の棚田百選」にえらばれたとき,18戸いた農家は2戸になり,棚田崩壊は時間の問題となった。(11)

第2に,農政における政府の失敗によって,構造的隘路が解消されていない。農村・農家の崩壊は,戦前からの農業保護政策の失政のツケともいえる。現在の日本農政について,「農業協同組合………,官僚,政治家によって形成されたトライアングルが,兼業農家の戸数の維持を政策形成の目的としてきたため,多くの政府の失敗が起きた」(12)と,農業失政の原因が指摘されている。

しかも兼業農家は,主業農家・都市サラリーマン層より,高い所得であるにもかかわらず,「農村に大量に滞留し,政府から大きな補助と規制によって保護を得ている。この補助と保護が農家の経営規模を小さくし,非効率を生み出している。したがって兼業農家を減らし,主業農家の規模拡大を促がすことが,今後の日本の農政の基本でなければならない」(13)といわれている。

ひるがえって考えてみるに,都市では商店街の自営層は,大型店舗の進出で

廃業を余儀なくされているが，補償金もなく，廃業後は自力で生活の糧を探している。農業だけが例外の理由はなにかである。

安倍首相は，「農地を集約して生産現場の構造改革を進めます。40年以上続いてきたコメの生産調整を見直します。いわゆる『減田』を廃止します。農地の規模拡大を後押しし，美しい故郷を守ります」(14)と決意をのべている。しかし，休耕田・耕作放棄地などへの対応策は，遅々として進展しない。

農村では地域再生への努力がつづけられているが，農業構造の壁にぶつかり，大規模の農業も小規模農業も展望を描くことができない。限界集落は，瀕死の重症であるが，住民である農民のなかには，米の生産調整で休耕田への補償金があり，農家の起業家精神もスポイルされている。

さらに兼業農家の存在も，構造改革にはブレーキである。一方，若者は農業の低所得に見切りをつけ，故郷を見捨て，都市へ流れていった。このような状況では，農業で農村を救済することは，愚策といわれている。

農業改革といっても，大規模農業には徹しきれず，しかも零細農業は経営補償などで生き残りをみている。現在は兼業農家というスタイルで，収入を確保しているが，それでは農村としてジリ貧となる。

第4に，構造改革のすすまない，農村の現状をみると，農村再生策は，発想の転換が必要である。まず日本農家の所得産出効果である。現在，農業者に平均収入額は約200万円以下で，都市でのアルバイト収入にもならない。農業経営を大規模化して，2,000万円にすれば，若者にも魅力的職業となる。(15)

しかし，農業の大規模化は，現実には実行不可能であり，多すぎる農業の担い手が，零細農業を温存している。農業へ財政支援を注入して，農家を温存しているが，農業そのものは魅力を喪失し，自己責任の事業として活力はなく，農村人口の流出はとまらない。(16)

それならば農業の6次産業化であるが，単なる農産物の生産拡大・流通確保といった，市場型の膨張戦略では，人口流出は食い止められない。(17)

さりとて補助事業で農産物の差別化を図って，販売を成功しても，農村全体としてはさしたる収入とはならない。究極の選択肢が，「地方創生の肝は『生産』

II 縮小消滅地域への地域振興政策

でなく『遊び』[18]と明言されている。都市にはない生活空間・環境そして，リフレッシュの余裕時間を創出できる，滞在型の農村への変身である。[19]

もっとも6次産業化といっても，農村全部が別荘地となるわけでなく，工場・医療・観光施設と同様に，別荘地を戦略要素とするだけである。しかも6次産業化は多彩であり，特産品の特約販売，休耕田活用のオーナー制，廃校舎でのIT事業化，廃材によるエネルギー事業など，さまざまの展開が可能であり，ただ別荘化は究極の6次産業化である。

第5に，農業の6次産業化は，経済的効果からみても，かけがいのない戦略である。生産額より所得・雇用を，ベースに地域戦略を選択すべきとの視点からみると，農業6次産業化は，その意味では，農産物の生産額は同じでも，地域所得・雇用は，単純に考えば6倍にふくらむ。

生産において効率性の追求では，地域経済の問題は解決できない。地域再生において，生産額とか生産コストでみるが，6次産業化はこのような既定指標でははかれない。たとえば100円の農産物を，スーパーへ出荷すれば，流通・販売コストを差し引きすると．50円の収入しか，地域社会に還流しない。

しかし，地域のホテルで消費すると，流通・販売コストはゼロであり，100円となり，ホテルで消費すれば200円の付加価値が発生し，雇用も発生し，地域所得は300円となり，6倍にふくらむ，スーパー方式より，6倍の地域経済効果が発生する。経済効果だけでなく，農業への価値観がかわり，真の意味での農業の復権が期待される。[20]

農業生産の高付加価値化には，「環境と安全が社会的価値の基軸になると考えれば，農薬を減らす農業は必然的に小規模にならざるをえない」[21]が，有機農産物は，高付加価値商品として，生産のコスト高を十分におぎなっていくためには，より高次の販売戦略が必要となり，食の安全・地域の環境といった，地域教育を並行して展開することになる。

従来，生産すれば雇用がうまれるとの前提条件で，地域振興をすすめてきたが，企業合理化がすすむと，重化学産業などでは，生産額は増大するが，雇用は減少していった。農業でもおなじ現象が発生するであろう。

しかし，地域産業の高付加価値化をすすめるためには，生産システムは，小規模・多様化していかなければならない。たとえば農業の6次産業化にしても，大規模化農業では対応できない。もっとも個人農業・兼業農家では限界があり，法人化・専業化は必要であるが，基本的には小規模方式での対応となり，地域再生には最適の戦略といえる。

限界集落と過疎対策の注入

　第3の課題として，限界集落の状況をみると，限界集落の区分（**表13参照**）は，高齢化率で規定がなされている。全国的動向をみると，国土交通省は2006年度，過疎法に指定されている全国775市町村の全集落6万2,273集落を対象に調査を実施しているが，全国的結果は，「65歳以上高齢者率50％以上」7,878集落（構成比12.7％），「65歳以上高齢者率50％未満」5万2,104集落（構成比83.7％）となっている。

　「今後の消滅可能性別集落数」の全国的予測は，「10年以内消滅可能性集落」423集落（構成比0.7％），「いずれ消滅可能性集落」2,220集落（構成比3.6％），「存続可能性集落」5万2,384集落（構成比84.1％），「存続・消滅不明集落」7,246集落（構成比11.6％）となっている。

　過疎対策（**表14参照**）は，昭和45年以来，継続的に行われてきたが，過疎地域人口は昭和35（1960）年1,873万人であったが，平成22（2010）年1,033

表13　限界集落の類型

集落区分	量的規定	質的規定	世帯類型
存続集落	55歳未満人口比50％以上	後継ぎが確保されており，社会的共同生活の維持を次世代に受け継いでいける状態	若夫婦世帯：就学児童世帯：後継ぎ確保世帯
準限界集落	55歳以上人口比50％以上	現在は社会的共同生活を維持しているが，後継ぎが確保が難しく，限界集落の予備軍となっている状態	夫婦のみ世帯 準老人夫婦世帯
限界集落	65歳以上人口比50％以上	高齢化が進み，社会的共同生活の維持が困難な状態	老人夫婦世帯 独居老人世帯
消滅集落	人口・戸数がゼロ	かつて住民が存在したが，完全に無住の地となり，文字通り集落が消滅した状態	

資料　大野晃『限界集落と地域再生』22頁

表 14　過疎地域自立促進特別措置法と過去の過疎 3 法の概要

法律名	過疎地域対策緊急措置法	過疎地域振興特別措置法	過疎地域活性化特別措置法	過疎地域自立促進特別措置法
制定年次期間	昭 45.4,31 号 昭 45 〜 54 年度	昭 55.3, 19 号 昭 55 〜 平元年度	平 2.3,15 号 平 2 〜 11 年度	平 12.3,15 号 平 12 〜 21 年度
目　的	人口の過度の減少防止など，	過疎地域の振興，雇用拡大など	過疎地域の活性化など	過疎地域の自立促進，風格のある国土形成
過疎地域の人口要件	昭 35 〜 40 年（5 年間）人口減少率 10% 以上	昭 35 〜 50 年（15 年間）人口減少率 20% 以上	昭 35 〜 60 年（25 年間）人口減少率 25% 以上	昭 35 〜 平 7 年（35 年間）人口減少率 30% 以上など
過疎地域の財政力	昭 35 〜 43 年財政力指数 0.4 未満	昭 51 〜 53 年財政力指数 0.37 未満	昭 61 〜 63 年財政力指数 0.44 未満	平 8 〜 10 年財政力指数 0.42 未満

資料　高見富二夫「過疎対策の現状と課題」

万人に減少している。過疎実効割合は，昭和 35 年 19.9%，平成 22 年 8.7% である。平成 25（2013）年の過疎市町村 775 市町村（45.1%），人口 1,033 万人（8.1%），面積 216,321㎢（57.2%）である。

平成 23（2011）年度過疎市町村歳入構成比は，地方税 14.0%，交付税 43.5%，国庫支出金 10.5%，都道府県支出金 7.7%，地方債 9.8% である。平均財政力指数 0.24 で，全国平均 0.51% の半分以下である。

府県別の動向では，鹿児島県は県内の格差が，平成大合併で拡大している。経済・社会要件だけでなく，行政的施策によっても，限界集落の危機は加速されいる。[22]

徳島県では，"葉っぱ"産業で有名な上勝町でも，55 集落のうち限界集落が 30 集落と，「高齢化」の影響に苦しめられている。要するに全国レベル，府県レベル，市町村レベルで，一極集中の縮図が展開されている。

第 2 に，過疎対策諸法によって，過疎地域に投入された金額（**表 15 参照**）は，巨額に達する。対策合計額は，産業振興 2.44 兆円（構成比 27.8%），交通情報整備 3.65 兆円（構成比 41.5%），生活環境・福祉保健 1.68 兆円（構成比 19.1%），医療 0.15 兆円（構成比 1.7%），教育文化 0.69 兆円（構成比 7.9%），集落整備 0.03 兆円（構成比 0.3%），その他 0.14 兆円（構成比 1.5%）となっている。

表15 過疎対策における事業実践等　　　　　　　　　　　　　　　　　　　（単位：億円）

区分		産業の振興	交通情報通信等整備	生活環境の整備	高齢者保健及福祉向上	医療の確保	教育文化の振興	集落等の整備	その他	合計
緊急措置法(S45～S54)	市町村	7,548	16,488	8,498		639	9,339	190	1,001	43,739
	都道府県	9,940	22,709	447		314	131	0	1,738	35,279
	合計	17,524	39,197	8,945		953	9,470	190	2,739	79,018
振興法(S55～H元)	市町村	22,061	35,319	17,173		1,430	16,263	402	1,422	94,069
	都道府県	26,196	50,623	810		1,027	822	10	112	79,069
	合計	48,257	85,942	17,983		2,457	17,085	412	1,534	173,669
活性化法(H2～H11)	市町村	48,341	47,332	53,063	10,437	3,769	22,579	744	4,227	190,491
	都道府県	58,262	95,341	10,994	871	2,442	2,286	442	2,157	172,795
	合計	106,604	142,673	64,057	11,308	6,211	24,864	1,186	6,384	363,286
実績合計(S45～H11)	市町村	77,986	99,139	78,734	10,437	5,838	48,181	1,336	6,650	328,299
	都道府県	94,398	168,673	12,251	871	3,783	3,239	452	4,007	287,674
	合計	172,384	267,812	90,985	11,308	9,621	51,419	1,787	10,657	615,973
自立促進法(H12～H21)	前期実績	39,580	55,500	30,019	5,243	2,821	8,298	709	1,422	143,592
	後期計画	32,517	41,228	24,840	5,117	2,768	10,011	426	1,459	118,426
	合計	72,097	96,728	54,859	10,420	5,589	18,309	1,135	2,881	262,018
合計(S45～H21)		244,481	364,540	167,572		15,210	69,728	2,922	13,538	871,991

註　前期実績は，平成12～16年，後期計画は平成17～21年
資料　髙見富二夫「過疎対策の現状と課題」

投資総額は87兆1,991億円となる。

しかし，過疎対策も充実すれば，するほど中央省庁における財政支援は，重複が発生し，その事業効果が複合効果をもたらすか，相殺されて効果が縮小するか，ともかく受け入れ側の自治体の責任が，ますます大きくなりつつある。

第3に，「小さな拠点づくり」補助（**表16参照**）をみても，目立つ傾向は，各省庁府が，やたらと交付金制度を創設しているが，補助金の統合より，統合化による補助存続・拡大のためのカムフラージュともいえる。

注目されるのは総務省の過疎対策への進出で，過疎債（交付税7割補填），過疎自立活性化事業のいずれも網羅的であり，財源的にも豊富であり，農林水産省より地域への影響力は膨張しつつある。

第4に，わかりにくい総務省の過疎対策費をみると，2014年度では過疎地域等自立活性化推進交付金9.3億円（2003年度補正13.0億円），過疎集落等自

表16　集落地域における「小さな拠点」づくりに係る国の関連施策一覧（平成26年度）

分類	施策名（所管府省）	補助対象事業（補助事業団体）
総合的な施策	「小さな拠点」形成を核とした「ふるさと集落生活圏」の形成；国土交通省国土政策総合計画課	小学校区など複数の集落の統合・連絡化（複数集落が散在する地域会）
	特定地域再生事業費補助金；内閣府地域活性化推進室	少子高齢化など国指定の政策への再生計画・事業実施（計画・自治体、事業・自治体・民間団体）
	過疎対策事業債；総務省自治財政局財務調査課	過疎債利用事業（過疎自治体；交付税算入70％）
	過疎集落等自立再生対策事業（過疎地域等自立活性化事業）；総務省自治行政局過疎対策室	過疎集落存続にための官民緊急事業（市町村及び民間団体）
	離島活性化交付金；国土交通省国土政策局離島振興課	離党対策事業（都道府県・市町村・民間団体）
拠点施設整備関連	～未来につなごう～「みんなの廃校プロジェクト」；文部科学省大臣官房文教施設助成課	未利用の廃校利用の募集（地方団体・民間団体）
	地域エネルギー供給拠点整備事業；経済産業省エネルギー庁資源燃料部石油流通課	過疎地域への石油製品安定供給（揮発油販売業者）
	集落活性化推進事業；国土交通省国土政策局地方振興課	条件不利地域社会における対策（過疎地域など）
	過疎対策遊休施設再整備事業（過疎地域等自立活性化推進交付金）；総務省自治行政局過疎対策室	廃校利用促進事業（過疎地域市町村）
	過疎対策集落再編成整備事業（過疎地域等自立活性化推進交付金）；総務省自治行政局過疎対策室	集落再編成事業（過疎地域市町村）
	辺地対策事業債；総務省自治財政局財務調査課	辺地対策債事業（市町村等、交付税率80％）
医療福祉	医療施設等整備費補助金；厚生労働省医政局指導課	離島等医療施設事業（都道府県市町村事業者）
	へき地保健医療対策；厚生労働省医政局指導課	離島等医療施設事業（都道府県・事業者）
	へき地保健・医療対策事業；厚生労働省老健局高齢者支援課※地域介護・福祉施設に同類補助あり	診療所巡回診療補助（地方団体・民間団体）
	へき地保育事業；内閣府政策総括官（共生社会政策担当）付参事官	離島等保育事業補助（市町村）
農山漁村活性化	農山漁村活性化プロジェクト支援交付金；農林水産省農村振興局農村整備官	農山漁村の定住交流・施設整備補助（地方団体・民間団体）
	都市農村共生・対流総合対策交付金；農林水産省農村振興局農村政策部都市農村交流課	都市・農村共生事業補助（民間団体のみ、定額補助250～2,000万円）
	集落基盤整備事業（農山漁村地域整備交付金）；農林水産省農村振興局農村整備官	農村基盤整備事業（地方団体、農業組合等、補助率50％）
	中山間地域総合整備事業（農山漁村地域整備交付金）；農林水産省農村振興局農山中山間地域振興課	中山間地域基盤整備（法定指定市町村など、補助率55％）
人材	地域おこし協力隊；総務省自治行政局地域自立応援課	都市圏からの人材受入（地方団体等）
	「域学連携」地域づくり；総務省自治行政局地域自立応援課	大学生・教員の地域おこし参加（地方団体）

注　買い物支援・地域交通関連事業は除外。
資料　国土交通省

立再生対策事業 5.6 億円（2003 年度補正 13.0 億円）交付金など 10.8 億円以外に，過疎対策事業債 3,600 億円，辺地対策事業債 410 億円の合計 4,010 億円がる。[23] 過疎対策事業債は，地方債計画では，2014 年度 3,600 億円であるが，自治体の発行限度額は 2014 度 769 億円でり，元利償還金の 70％が，基準財政需要額に算入される。[24]

地域レベルでの過疎事業実績

第 4 の課題として，地域レベルでの実態・対応をみると，政府の過疎対策事業に呼応して，府県主導で過疎再生施策が注入されていった。

まず過疎地実態を，大分県過疎対策研究会『今後の過疎対策のあり方について』（平成 20 年 11 月）でみると，人口は昭和 35（1960）年過疎地域 77.3 万人あったが，平成 17（2005）年 48.2 万人と激減している。非過疎地域は，この間，46.7 万人から 72.8 万人と激増している。県全体では昭和 35（1960）年 124.0 万人から 121 万人と微減にとどまっている。

この間，過疎地域における少子化・高齢化，そして生産労働人口の減少は深刻化していき，地域維持すら困難な事態となっている。なお 1 人当り市民所得は，過疎地域 239.8 万円，非過疎地域 284.2 万円である。

注目されるのは，県の企業誘致策によって，2000 年から 2007 年の 8 年間に 130 件の立地をみているが，うち過疎地 62 件（雇用者数 4,134 人），非過疎地 68 件（雇用者数 8,033 人）である。

なお大分県における過疎対策費（昭和 45～平成 19 年）の 33 年間の累計（**表 17 参照**）で，総額 3 兆 3,771 億円超の事業費が投入されている。この数値は，単年度では 1,023 億円で，生活サービスもふくめた支出であっても，やはり

表 17　大分県過疎対策事業の推移　　　　　　　　　　　　　　（単位；億円）

区分	産業振興	交通通信	生活環境	保健福祉	医療確保	教育	地域文化	集落整備	地域自立	合計
市町村	3,628	4,681	3,516	513	193	2,114	122	51	387	15,205
県	6,743	9,760	620	127	220	665	115	86	230	18,566
合計	10,371	14,441	4,136	640	413	2,779	237	137	617	33,771

出典　大分県過疎対策研究会『今後の過疎対策のあり方について』10 頁。

表 18　徳島県集落再生のプロジェクト

重点分野	項目
安全・安心の確保	高齢者等の見守り，買い物・移動支援，防災・自治強化
地域資源の活用	新たなビジネスモデルの創出，遊休資産等の活用，森林資源の活用，観光・交流の推進，特産品の開発・販売促進
人材確保・育成	人材の確保，人材の育成，
魅力発信	映像等による発信，イベントによる発信

資料　徳島県『とくしま集落再生プロジェクト』12 頁．

大きいといえるが，問題は有効に投入されたかである．

　徳島県「とくしま集落再生プロジェクト」をみると，県過疎地域人口は 50 年間で約半減し，12.8 万人である．集落が抱える問題は，「地域を支える人が減少（地域住民で行う共同作業や行事が困難）」，「地元で働く場所が不足（主要産業の第 1 次産業の衰退）」「空き家・耕作放棄地・荒廃した森林の増加」「買い物・通院の不便・不安」などがあげられている．

　一方，集落が有する資源は少なくない．「県下に張り巡らされた全国屈指の高速情報通信基盤」「すぐれた自然環境」「伝統的芸能・文化」「集落の団結力等の『地域力』」「特産品の農林水産加工商品」「農林漁業や生活に関わる知恵や技」などが列挙されている．

　徳島県は，平成 22 年 10 月に「過疎地域自立促進 5 ヵ年計画」（**表 18 参照**）を策定し，過疎再生を目指しているが，施策は基盤整備から次第に地域資源活用による，地域経済の活性化をめざす，積極的施策へと重点は移行しつつある．

過疎再生に秘訣はあるか

　第 5 の課題として，過疎再生をどうするか．基本的な施策をみると，この窮状を克服するには，積極的再生策に打ってでなければならない．それができるかどうかである．まず過疎地域・限界集落の再生手法のルーツである，昭和 54（1979）年，平松大分県知事が提唱し，実践した一村一品運動をたどってみる．

　第 1 に，過疎村であっても，「それぞれの地域が地域の誇りとなる産品―農産物でもよければ観光でも民謡でもよい，それぞれの地域の顔となるもの―を

つくりあげていこうという運動を提唱することを考えた」⁽²⁵⁾と, いずれの地域にも資産があり伝統があり, 生きる手だては必ずあるという信念であった。

それは既成概念への挑戦でもあった。大山町は自家用米以外は,「米はつくらない」方針を採択し, 地理的悪条件を逆手にとって, 果樹栽培に特化していった。⁽²⁶⁾

大分県姫島の車海老養殖は, 第1次産業の企業経営化への長期努力の成果であった。昭和34年 (1959), 住民出資で失敗し, 38年, 外部出資で失敗し, 40年, 村出資で失敗した。村はあきらめず, 17年間をかけて, 51年7000万円の利益をだしている。⁽²⁷⁾

大分県には, 多くの成功事例があるが, 平松知事は, 地域おこしの要点として, 第1に,「ローカルにしてグローバルなものに仕上げねばならない………地域の特色を出せば出すほど, それが国際的にも評価される」⁽²⁸⁾と, 自信をもって明言している。

第2に,「自主自立・創意工夫」である。「お上が提唱した運動というのは長続きしない。リスクとアカウント。自分の金と勘定でやってみて, うまくいけば一所懸命になるものだ」⁽²⁹⁾と, 自己責任の運動を強調した。

第3に,「人づくり」である。「結局うまくいった地域には優れたリーダーがいた」⁽³⁰⁾と, 人材が村おこしのキーポイントにあげている。

この一村一品運動も, 2003年, 平松知事の引退とともに, 廃止されている。廃止の理由は,「所期の目的を十分に達成した」という行政評価方式の診断結果とされている。政治的理由もあるが, 一村一品運動の地域再生機能に限界があった。

第1に, 一村一品運動は,「国際的にも注目される地域づくり運動となりますが, 地域経済の発展という視点からみると, 決して成功したといえません」⁽³¹⁾といわれている。

一村一品運動の限界は, 第1に, 一村一品運動の生産額は, 1980年359億円, 1990年1,177億円, 2000年1,402億円と販売を増加させていったが, そのなかには株式会社の「むぎ焼酎」などの大手企業もふくまれており, 本来の一

村一品の生産額は，それほど大きくはなかった。

　第2に，外部経済環境の悪化である。「農林水産物や中小企業の輸入が激しかったため，全国の地域経済と同様，農村部を中心に地域産業の後退と人口の減少をまねいたことが決定的に大きい」[32]といわれている。

　第3に，一村一品運動は，大山町にみられるように多品種生産であったが，移出型産業であり，地域循環型・地域再生産型でなかった。[33]

　第4に，大山町農協は，農協大合併のうねりにも，単独農協を維持していったが，大山町は6市町村合併となり，地域社会をささえる機能は大きく減退した。[34]

　しかし，一村一品運動の終焉は，必ずしも一村一品運動の精神・戦略，そして実績を否定するものでなく，限界集落といったより小さい地域単位でみれば，依然として有効な対応策である。

　徳島県上勝町の葉っぱ産業も，それだけでは自治体財政・集落経済をささえることができないが，大都市でも同様に特定大企業だけで，地域経済をささえることは不可能である。

　一村一品運動は，地域再生への処方箋を示し，実践し成功をおさめた，先駆的施策であった。しかし，限界集落の人口増加策として，特産品の生産だけでは不十分で，観光開発・再生エネルギー・定住促進策などの複合的施策で，その精神・戦略を強化し，地域再生への戦略として，復権させなければならない。

　過疎再生事業をふりかえると，事業創出には，個人の経済的犠牲が，不可欠の前提条件となる。このような非合理性の行動は，一般的な方法でなく，突然変異のようなものであり，公的補助はこのようなインホーマルな動きに感動し，リスクの高い初期投資はできない。

　ましてはじめから公的補助・融資をあてにして，事業化をやっても，成功しないであろう。それは多くの成功事例は，事業の孵化段階での個人の頑張り，精神的・肉体的・時間的・経済的な自己犠牲によって，事業化の可能性が開かれるからである。

　もっとも個人的努力だけで，「消滅地域」が蘇生できるものでない。基本的

には有効な政府政策が立案され，実効性のある施策が，地域に注入されることが，先決条件であるが，その施策を活かす地域の力がなければ，再生はおぼつかない。

ことに自治体の地域経営への変革が不可欠である。姫島にしても首長の辛抱つよい地域経営があったし，海士町にしても首長が減量経営で，4億円の財源を捻出し，積極的地域経営の素地をつくりだしている。理想は公的・私的経営資源（人的資源も含めて）が，融合され，複合的経営効果をもたらす図式である。

「消滅地域」再生への地域の力

第6の課題として，「消滅地域」の再生への方針をみてみると，第1に，積極的地域振興策の展開である。衰退地域社会を救済するという，消極的施策ではなく，おおくの地域おこしにみられるように，積極的施策として，衰退・消滅地域社会の地域経営のノウハウ創出・実践である。政府財政支援は利用するが，あくまで自己責任での事業化である。

長期的にみれば日本の救世主となる，企業創業への契機をつくりだす，かけがえのない培養土壌である。大都市といえども，今後，人口減少に見舞われ，企業活動が衰退すると，再生への地域戦略は，「消滅地域」に学ばなければならない。

日本の地域活動をみても，大企業と官庁団体で，運営できるはずがなく，無数の市民・NPO団体が，顕著な成功をおさめている。まさに無形文化財というべき，精神・システムの蓄積である。[35]

第2に，地域社会の知恵と連携による再生エネルギー・システムの形成である。地域資源を活かした地域づくりは，「地理的条件が厳しいほど，知恵と工夫と斬新な取り組みが進んでいる。………単に経済成長や市場原理という狭い世界にとどまらない，人と自然，人と人の関係性の豊かさが息づいている」[36]といわれている。

内部から再生へのエネルギーが，沸騰しないのであれば，外部から首長をえらび，再生への挑戦となる。地域経済にあっては，改革・起業化が起爆剤となっ

て，新しい経済・社会・生活システム，そして地域での人間関係をつくりだしている。地域循環型経済，贈与の経済学（ボランティア活動・寄付金提供），環境福祉優先社会など，市場経済の利益追求至上主義と対立するシステムである。

有機農業，商店街再生，健康回復，林業復権，地産地消，環境保全，路面電車復活など，市場経済では虐げられてきた，分野の再生である。そしてこれらの活動は，すべて複合効果を発揮し，その社会的効果はきわめて大きい。たとえば高齢者が農業経営に参加することで，自治体の健康保険費が軽減される。

第3に，地域再生の理念の再編である。それは「共」（コモンズ）の形成である。現代資本主義がかかげるシステムとの対極の存在である。強制経済と市場経済の中間にあって，共同体としての「連帯経済」の構築をめざす。[37]

再生エネルギー・介護サービスなどは，地域でNPO法人を立ち上げ事業化すれば，所得を稼ぎ，雇用をふやし，地域循環型経済を軌道にのせる，共生システムを形成することができる。私的経済・公共経済・共生経済の3つが，調和して活動することで，すべての個人・地域・国家の安定・安全が保障されるのである。[38]

東京はグローバル経済をめざして進化すればよいが，大災害に見舞われると，共生の経済メカニズムが作動しなければ，東京は壊滅し，再起不能となるであろう。

第4に，限界集落存続の効果である。たとえば限界集落が崩壊すれば，中心都市で公的保護のもとでの生活となるが，公営住宅を準備し，生活保護費を支給し，さらに健康被害への手当てなど，生活変化による生活・行政コストは一気に膨張する。

限界集落の崩壊は，日本の原風景喪失，自然環境の破壊，伝統文化の途絶など，さまざまの非経済効果の損失となる。まして農業生産空間が，耕作放棄のようになれば，それだけ経済的損害である。限界集落は，市場メカニズムに耐えられないまでも，地産地消には不都合はない地域であり，存続は不可能ではない。

問題は限界集落の価値をいくら強調しても，限界集落の崩壊を，政府だけで阻止する事は出来ない。従来の過疎対策の失敗をふまえて，有効な対策を，地

域社会の知恵と努力と融合させて注入できるかである。

　まず定住化促進事業を，突破口として再生をめざす，人が住めばともかく地域は動きだすが，それには自治体の熱意が不可欠である。

　南牧村の12年度財政規模22億円，地域最大の事業体である。2014年度一般職員は55人，1人当り平均給料月額32.5万円，村長71.0万円，議長27.0万円，教育長54.5万円である。行政の知恵を集めて，行政改革を断行し，第2の海士町をめざす責務がある。

　第5に，農村補助事業の課題で，過疎再生策と過疎対策事業とのギャップは大きく，地域サービス・地域基盤の整備に大半が充当されてきたが，これからはハードよりソフトの施策へ重点をスライドさせなければならない。

　ハードの補助事業では，自然資源だけでなく，人的資源も十分に活用されていない。従来は住民も補助事業におんぶに抱っこである。しかし，「消滅地域」再生をめざして，地域おこしに挑戦した，精神的資産が蓄積されつつある。[39]

　地域おこしに必要な「自律的人間」で，「小規模でも成功も失敗もすべて自分に跳ね返ってくるようなやりがいと責任をともなう環境に自らを置くことで，人は成長する」[40]といわれている。地域おこしの事業化の経験をえて，経営的人材が成熟されつつある。

　過疎地域再生で，少ないコストで効果をあげるには，既成概念の打破による，創造的破壊しかない。集落の中心センターの機能拡充が叫ばれているが，高島市旧朽木村の針畑集落では，郵便局が，郵便事業だけでなく，コンビニ機能ももち日用品の販売も手がけており，「おたすけ福祉サービス」の事業も，局を拠点に展開されるようになった。[41]

　限界集落・過疎地域のアキレス腱は，医療と交通である。静岡市葵区清沢集落では，NPO法人が，「過疎地有償運送法」にもとづいて，バス事業を創業している。最寄の路線バス終点から5～10kmはなれた6集落の送迎対象で，料金は300～500円である。[42]

　これら基盤整備・サービスを効率的に処理し，うみだされた余裕財源で，ソフトな過疎再生施策を実施するのが，本来の財政運営の手順で，たまたま補助

があれば活用するシステムでなければならない。

　第6に，地方再生の戦略・戦術である。「田園回帰」とか「地域おこし」の動向は，定着した流れでなく，全国にひろがる保証はない。ではどうするか。政府の移住奨励措置存続を前提として考えると，地域再生への諸施策・成功事例は，貴重な戦略資産であるが，地域固有の課題であり，真似をして成功するものでない。

　安易な模倣は，かえって失敗する。しかも成功町村でも人口減少はつづいている。「消滅地域」の地域経済とか地域財政からみると，成功による事業収益はごく一部であり，全体としてみれば，地域経済を底上げするだけの経済・雇用効果はない。

　「食のグルメ」「商品のブランド化」は，競争がはげしく，地域社会への波及効果も一部にとどまっている。しかも都市にあっても，野菜の人工栽培がひろがっており，常に競争にさらされている。

　「消滅する市町村」のトップと名指しされた，群馬県南牧村の現状は，地域外からの移住者もあり，それなりに元気であるが，人口・就業者動向からみると，消滅の危機に瀕している。[43]

　それでも限界集落は，限界をこえて，それでも生きつづけている。中越地震で壊滅した山古志村（現長岡市）は，全村避難の2年後，7割にあたる1,000人以上の村民の復帰をみている。故郷回帰・復興の願望が，人々の支えとなり，観光農業による6次産業化で，立派にふるさとを甦らせている。[44]

　第7に，過疎村のすべてが財源不足ではない。政府財政支援を有効に活用することである。2012年度1人当り歳入額政令市45.9万円，町村（人口1万人以上）49.6万円，町村（人口1万人以下）93.7万円である。政府施策に不満があるが，そんなことをいっている状況にない。個人でも失業・病気というゼロから，復活している人は多数みられるのである。

　結局，当該自治体が，独自の発想・戦略で，再生施策を選択し実施する。しかも政府財政支援は，実際は十分にある。早期に地域がまとまる事業を立ちあげる必要がある。特産品の開発などが，一般的であるが，再生エネルギー事業

などは，即効性があり，住民出資というシステムが採用でき，利益還元も可能であり，住民の融合効果も大きい。

　地域おこしは，ある意味では少数派が，既存の価値観とかシステムに挑戦し，新境地を開拓するようなものであり。新しい理念・手法でもって，人々を魅了し，内部・外部のエネルギーが融合して，大きな価値をうみだす，創造的破壊なのである。

　たとえば「NPOや社会的企業は，有機農業のようなものだ，………有機農業の全耕作面積に占める割合は0.3％，しかし，今や消費者も企業もそれを付加価値としてうけいれている」[45]といわれている。

注

(1) 田中角栄『日本列島改造論』2頁，以下，前掲「列島改造」。
(2) 限界集落の存続について，「結論は，『時すでに遅し』である。極めて多くの集落で，すでに回復不可能な水準にまで人口再生産力が低下している。それどころか，かなりの市町村においてすら，人口の持続的可能性を確保することが困難であることはもはや疑いの余地はない」（松谷明彦編著『人口流動の地方再生学』（日本経済新聞社，2009年）143頁，以下，松谷・前掲「地方再生学」）といわれている。
(3) 限界集落の淘汰の動きに対して，「集落の維持に行政コストがかかるため，線を引いて移住させるべきだという意見が強くある。しかし線を引くような政策を政府が打ち出すと，地域全体が自信を失って衰退を早め，残る可能性のある地域まで消滅させることになりかねない。限界集落の中でも消滅の危機にある集落では，住民の多くは最後の1人になる覚悟を決めている。届けるサービスを最後まで行うのは行政の責務であり，新たな公の活動に期待できる分野でもある」（奥野・前掲「地域自立」はしがき8頁）と反論している。公経済からみても，数万円の年金生活者の限界集落住民が，都市部へ移住すると，生活保護に転落し，さらに健康維持もできず，医療費増加となり，巨額の公経済の支出膨張をまねくことになる。
(4) 前掲「国土デザイン」19頁。
(5) 集落存続の方策として，「集落が散在する地域において，商店，診療所など日常生活に不可欠な施設や地域活動を行う場を，歩いて動ける範囲に集め，周辺地域とのネットワークでつないだ『ちいさな拠点』を形成する。………日常生活の『守りの砦』となって周辺の集落を一体的に支えていくだけでなく，道の駅等と連携して6次産業機能等を付加することにより，雇用を生み出す『攻めの砦』となることができる」（同前「国

土デザイン 2050」19 頁）と位置づけている。
(6) 限界集落という名称の生みの親である，大野教授は，「『むら』を守り，森を守り，水を守り，海を守り，総じて国土を守り続けてきた人たちは，いま日々体力の衰えの中，消滅集落への一里塚を刻みつつある。『限界集落』は人体をむしばむがんにも似た社会的病巣となり，止めようもない国土の崩壊を招きつつある」（大野晃『限界集落と地域再生』16 頁，以下，大野・前掲「限界集落」）と憂慮されている。
(7) 朝日新聞 2014.8.9。
(8) 総務省過疎対策室は，「居住権は憲法で認められた権利。住みたい人がいる限り，切り捨てるようなことはできない」（朝日新聞 2014.8.9）とのべている。増田寛也氏は「地域に愛着を持つ人もおり，最低限の集落の維持を続けるのが現実的だ。今後は財政難や人口減で住民の移転への理解が進むかも知れず，合意を得る行政の努力が必要だ」（同前朝日新聞 2014.1.1）と，増田『地方消滅』よりかなり，ニュアンスが違う。
(9) 小田切・前掲「田園回帰」192 頁。
(10) 2013 年 2 月 28 日，施政方針演説，朝日新聞 2014.12.6 から引用。(11) 朝日新聞 2014.12.6。
(12)・(13) 八田達夫・高田眞『日本の農林水産業』4 頁，日本経済新聞出版社，2010 年。
(14) 朝日新聞 2014.12.6 から引用。
(15) 川島博之「日本の農業と地方創生－農業で地方は甦らない」『職員研修』2014 年 12 月，26 頁参照。以下，川島・前掲「日本の農業」。
(16) 現在の農政は，農業人口が多いにもかかわらず，「この事実関係を明確にしないまま，中途半端な補助金行政を行うから農業を魅力ある職業にすることができない。規模拡大を言いながら，高齢，零細な農家の援助も行う。補助金が投入されればされるほど，本来，撤退すべき零細で生産性の低い農家が救済されてしまう。これでは，ブレーキとアクセルを同時に踏んでいるようなものだろう」（同前 27 頁）と批判されている。
(17) この点について，「6 次産業化などの言葉を弄ぶのはいいが，現実にそれは既に進行している。ただ農民が主役ではなく，大手スーパーやコンビニが主体となっている。彼らが加工工場を傘下に加え，さらに農家を囲い込むことによって 6 次産業化が進んでいる」（同前 27 頁）と，その実態が暴かれている。
(18) 同前 28 頁。
(19) 川島教授は「地方は食糧生産の場からレジャーの場に変わるべきである。観光業の振興，そして観光よりもっと多くのお金を使ってもらうには，都市の富裕層に別荘をつくってもらって」（同前 28 頁）と，農村の消費産業化を進言している。
(20) このような自立的経済について，「自立的な地域経済を創り出す。そして農業者は環境にやさしい安心・安全という社会的価値の守り手として重要な役割を果すことができ，農業は誇り高い職業としての地位を取り戻すことができるはずである。高い職業的ミッションを持てるとともに，儲かる農業にならなければ，農業の担い手が生ま

れてこないだろう」（金子・前掲「地方切捨て」79頁）と，農業の戦略効果が強調されている。
(21) 同前78頁。
(22) 町村合併の効果について，「こうした地域間格差の拡大は『市町村合併に伴う旧役場の支所化や交付税減の影響で，地域の疲弊が急速にすすんでいる』ことによるものであり，『県は市町村と連携して現場の実態把握を急ぎ，実効性を伴う過疎対策を打ち立てること』が急務である」（大野・前掲「限界集落」41頁）といわれている。
(23) 過疎地域等自立活性化推進交付金の補助は，過疎地域集落再編整備事業（1.2億円，交付率1/2），過疎地域遊休施設再整備事業（0.8億円，交付率1/2），過疎地域等自立活性化推進事業（2.3億円，1事業1,000万円），過疎集落等自立再生対策事業（5億円，1事業1,000万円），また過疎集落等自立再生対策事業5.6億円は，事業主体が住民団体・NPO法人等，1事業当り1,000万円以内である。
(24) 過疎債の地域医療（医師確保・診療所開設），生活交通確保（民間バスへの補助），集落維持・活性化（集落支援員・交流事業），産業振興（6次産業化・企業誘致）などであるが，生活関連サービスは，有効な施策として充実化しているが，産業振興は，特産品の開発などが主流であり，地域活性化へインパクトが不足している。特産品産業への外部移住者の呼び込み，観光資源化しツアールートへの組み込みなど，戦略事業化への方策が不足している。
(25) 平松守彦『地方からの発想』29頁，以下，平松・前掲「地方の発想」。
(26) 大山町の果樹栽培は有名であるが，「63年10月，大山町と同町農協が開いた『梅・栗増殖推進大会』で，稲作は自家用米のみにし，余剰水田はすべて梅やスモモに転作していく方針を決めた。梅，スモモを作るほうが，米より土地収益率が4割も高」（同前41頁）かった。この背景には，大山町の耕地が高く，面積がせまく，地味もやせており，米作には必ずしもむいていないという欠点があった。佐賀平野の3分の1の収穫量にしかならなかった。
(27) 姫島の車海老養殖は難産だった。「姫島は昔から塩田が多かった。それが昭和34年に廃止され，その補償金を元手に，塩田跡地を利用して始めたのが車エビであった。しかし，技術未熟により失敗。次いで38年，作家の今東光さんや大宅壮一さんらの出資により，山口県に本社を持つ瀬戸内海水産株式会社姫島養殖場が設立。『文士エビ』として新聞紙上を賑わした。だが，これもしょせん"武士の商法"で技術もまだ未熟で，稚エビはできたが，大きくすることができず結果失敗した。………40年，債権債務をすべて引き受けて姫島車エビ養殖株式会社を設立。従業員26人。今度は村が筆頭株主となった。当時の藤本熊雄村長が，村の存亡をかけた決断であった。失敗の連続，そして赤字経営。累積赤字は,50年までに1億5,000万円にもたった」(同前47頁)といわれている。
(28) 同前80頁。(29) 同前81頁。(30) 同前82頁。

Ⅱ　縮小消滅地域への地域振興政策

(31) 岡田知弘『地域づくりの経済学入門』160頁，以下，岡田・前掲「地域経済」。
(32) 同前63頁。
(33) 一村一品運動は，「町と農協の強力なタイアップによる生産振興，地域内産業関連の自覚的形成，特産品振興と地域づくりの結合，地域づくりへの多数の住民参加という点について見落されていた」（同前166頁）ので，一村一品運動の限界があったといわれている。
(34) この点について，「地域づくりの主体として，これまでの大山町の地域づくりは，農協主導だったとはいえ，町による農協の各施設への建設投資や農業振興への財政的人的支援なしには，成功しなかった」（同前170頁）といわれている。
(35) 地域活動の事例は多いが，雑誌『文芸春秋』の湯浅誠の集中連載インタビューから多く示唆と感銘をうけることができる。「これからの日本社会は，どのような人々の，どのような能力と実践によって，すすんでいくべきか。………着目したのは『若者』と『地方』だ。………『地方』は『疲弊』という言葉とセットで語られることが多い。しかし，そこに暮らす人たちは，ただ手をこまねいているわけではない。地域経済の活性化に向けた取組の中には，これからの日本社会を占う重要なヒントがある」（湯浅・前掲「新しい日本人」284頁）といわれている。
(36) 大江正章『地域の力』はしがき1頁，以下，大江・前掲「地域の力」。
(37) この点について，「いうまでもなく近代化とは，共の領域を狭め，公（国家・政府）と私（市場）に引き裂く過程であった。だがいまや政府の失敗も市場の失敗も明らかである。………そもそも公共サービスは，行政が独占して担うものではない。また，あらゆる規制を緩和して『民』に委ねるものでもない。NPOやコミュニティ・ビジネスなどの効率だけにとらわれない『共』や『民』と『公』がそれぞれふさわしい役割分担のもとに，連携していくべきなのである」（同前はしがき4頁）といわれている。
(38) このような農村における地域づくりは，市場経済にはないすぐれたシステムをもっている。地域資源を活かし雇用を創出し，現金収入と自給生活を両立された生活スタイルを形成している。さらに「民間・農協・森林組合・自治体と所属はさまざまだが，地域に根づいた，そして前例にとらわれない発想とセンスをもち，独走はせず仲間を引っ張っていくリーダーの存在である」「Ⅰターン（よそ者）とＵターン（出戻り）が多いことだ。多くは都会育ちのよそ者は第1次産業の復権や環境保全という価値観のもとに地域の魅力を発見し，全国に伝えている」（同前はしがき2・3頁）といわれている。
(39) 現在の閉塞状況を打開する方策は，政府は持ち合わせていない。「現在の地域の姿は，前門の少子高齢化と後門の財政赤字を抱える日本全体の将来の姿でもある。………高度経済成長期には，都市部が先を走り，地方が後塵を拝した。今，さまざまな点で走る向きが逆になった。日本社会を覆う諸課題解決のヒントは，早くから課題と向き合ってきた地方に一日の長がある」（湯浅・前掲「新しい日本人」287頁）と，「消滅地域」

の先行的実践が評価されている。
(40) 同前391頁。
(41) 大野・前掲「限界集落」69頁参照。(42) 同前69頁参照。
(43) 大江正章「ルポ・魅力にあふれた『消滅する市町村』」『世界』2014年10月参照, 以下, 大江・前掲「消滅市町村」。
(44) NHKドキュメント「それでもここに生きる－山古志・復興10年」(2014.12.20)は, 感動の記録である。震災復興の総括者であった企画課長が, 7年の復興事業後に定年し, 観光牧場を立ち上げ, 村民が闘牛の伝統行事を復活させ, 見事に復興させている。
(45) 湯浅・前掲「新しい日本人」399頁。

3　過疎・限界集落再生への実践

　「消滅地域」の存続・再生のための戦略は，手探りの状況であるが，「田園回帰」の動きも高まり，島根県邑南町は，2013年の社会人口減は-4人と，転入者増加がみられる。これら動向をより確実にするにはどうすればよいかである。
　要因は，「田園回帰のための3つの戦略」である。第1が，女性と子供が輝くまちづくり（保育料無料），第2が，A級グルメのまちづくり（直営観光レストラン経営），第3が，移住者やUターン者が暮らしやすいまちづくりである。これら意欲的村おこしは，さまざまの問題をはらみながら挑戦がつづけられ，10年・20年後にその真価がとわれるであろう。[1]
　ただ過疎地域は，既存資源を有効に活用すれば，かなりの地域活性化の成果が期待できる。たとえば移住策は，都市の失業者救済・農村の遊休地活用・過疎サービスの改善・地域経済の活性化など，人口増加効果だけでなく，複合効果がみられ，地域は波及効果を信じて，悪循環からの脱却を期するべきである。
　地域再生施策を類型化し，その効果を検証してみる。第1の類型が，農村政策の転換である。従来，農家への所得補償など，都市住民からみると，理解しがたい施策が展開されていた。さらに農業の生産方式の変革，農村行政の改善，農政改革をしなければ，農村存続すら危ない状況になった。

農業・農村・町村経営の構造改善

　第1の施策は，農業・農村・町村経営の構造改善である。第1に，兵庫県養父市は，国家戦略特区の規制緩和事業として，第1号認定をうけた。養父市は耕作放棄された農地を集約化する権限を，農業委員会から市に移行する国家戦略特区となったが，政策的には耕作放棄した農地は，休耕田として優遇措置は廃止し，土地収用法と同様に強制収用されるべきである。都市では道路拡

幅などでは，強制的措置は常識である。⁽²⁾

　震災復興にむけて漁業への法人参入を認めた，石巻市桃浦地区などの改革をみても，個人事業方式より法人方式のほうが，事業リスクがすくなく，Uターン・Iターンを受け入れやすい。今後の移住化のカギをにぎるのではないか。

　第2に，農業構造の改善でなく，農業手法の改善の大きな農業政策の転換であり，有機農法がひろがりつつある。高密栽培で付加価値をつくり，生産収支を均衡化する方式である。

　生産方法だけでなく，「有機農業とは，単に農薬と化学肥料を使わない農法ではない。生産者と消費者，人間と動植物，人間と大地の間に有機的で公正な関係を創り出し，………循環型の本来の農業を再建しよとする試みである」⁽³⁾といわれている。

　このような有機農法は，大規模酪農で，畜産における濃厚飼料の自給は，不可能とされてきた常識をくつがえした北海道中標津町の（有）興産ファームがある。「産廃飼料」を活用して，経営コストカットを図って「地域に貢献する畜産業」を成功させている。⁽⁴⁾

　さらに大分県の畜産農家（松永英治）が，丘陵地の休耕田を放牧地として利用して，牛の飼育をはじめたが，餌代は3分の1ですみ，糞尿は肥料となるので処理は不要であり，発育は良く，理想的な和牛に育っていった。早速，17頭の子牛を売り，700万円の収入を得たが，将来的には1,000頭まで殖やす方針で，畜産の新しいビジネスモデルとして，注目をあつめている。⁽⁵⁾

　第3に，さらに異色の改革は，農村福祉の戦略化である。長野県川上村は，村財政の重荷と考えられた，医療・福祉施設を集約化する，「ヘルシーパーク」構想を実施した。その結果，1人当り年間医療費約17万円と長野県で最低，後期高齢者医療費の全国平均約90万円より安い約68万円である。⁽⁶⁾

　農村地区にとって福祉・医療は大きな負担であるが，小規模自治体の利点を活用していけば，コストの低いサービスができる。住民の情報を共有し交換し，さらに公的補助を活用し，相互扶助の精神でサービスを提供していけば，都市のような無駄なサービスや，貧困ビジネスがはびこることはない。

全国一律の制度を維持しながら，NPO法人が，公的支給を活用していけば，十分に採算ベースにのるサービス提供ができる。さらに戦略的には自治体が，福祉サービスを拡充し，住民との関係で信頼が醸成できれば，身寄りのない人には，生前に遺贈契約を交わし，自治体の医療福祉基金への寄付を求めるなど，公経済の贈与のメカニズムを，フルに活用するべきであろう。

農村への移住促進・定住化施策

第2の施策が，農村への人口増加策で，移住促進・定住化施策である。農業従事者の「高齢化」，農業後継者の不足など，第1次産業は人材面からも崩壊しつつある。起死回生の策として，農業就労・定住促進策が展開され，人口定着効果も大きい。[7]

総務省も「地域おこし協力隊」補助で支援しているが，カギを握っているのは，雇用であり，農業の収入源の確保である。移住は若年世代と団塊世代のシニア層に区分できる。

問題は受け入れ体制で，各町村とも賃貸・売却住宅バンクを設置し，勧誘につとめている。さらに生活サービスとして，医療施設の整備，高齢者医療の無料化，義務教育費の完全無料化などを誘致要素としているが，実際，人口増加にどれほど寄与するかである。[8]

第1に，農村の生活は厳しく，永住するとなると，農村生活への憧憬だけでは住めない。移住する人材の確保・訓練活動として，有名なのが，徳島県神山町「神山塾」（厚生労働認定の『緊急人材育成支援事業』『求職者支援訓練』）で，失業した人や未就労な人を対象に，6ヵ月訓練制度で，2014年8月までに6期77名が修了している。

第2に，地域おこし協力隊の実績は，平成25年7月時点で，1,139人（287団体）で，うち任期終了者366人（132団体）である。任期終了者の定住状況は，同一市町村に定住174人（48％），活動近隣市町村に定住30人（8％），その他162人（44％）となっている。隊員の進路（174人対象）は，就業92人，就農46人，起業16人であり，施策としては一応の成果をあげている。[9]

第3に，一般的な定住施策による効果は，あまり芳しくなく定住率は低い。群馬県南牧村は，移住者施策にも力をいれ，空き家の紹介・保育料・学校給食費の免除，転入奨励金をだして，この13年間で13世帯・15人が移住したが，転出者もあり，人口減少に歯止めがかからない。(10)

　第4に，定住促進で，ユニークな施策を展開しているのが，福島県大玉村で，二本松市の隣接という立地条件をいかし，人口呼び込を図っている。おおたま定住促進対策ネットワークに加入している会員が，2戸以上，3,000㎡未満の宅地開発を行い，定住する者に対して，インフラ整備をし，さらに各種料金の減免などの優遇措置をする奨励策である。その結果，人口は1990年8,163人，2000年8,470人，2010人8,574人と増加している。(11)

　第5に，群馬県上野村は，南牧村に隣接した農村で，定住促進施策を積極的に展開した。「平成3年に制定した『後継者定住促進条例』によってIターン者の受け入れに取り組んだ。………年々Iターン者は増え続け，現在は総人口の17％を占めるまでに至った」(12)といわれている，その背景には，所得保障施策などユニークな支援制度があった。(13)

　このように上野村が，人口に政策力点をおいているのは，2005年1,535人が，2010年には1,306人と－14.9％と激減し，このままでは消滅町村と化してしまうからである。依然として人口減少はつづいているが，12年度財政力指数1.20であり，本格的の移住政策を展開すれば，人口減少を食い止めることも夢ではない。

　第6に，府県レベルでも移住促進施策は，熱心に展開されている。鳥取県移住定住サポートセンター（公益財団法人ふるさと鳥取県定住機構）は，大阪でも「住む×働く×鳥取県移住フェアin大阪」を開催し，移住相談・暮らし情報だけでなく，農業就業・起業相談・就職相談も行われている。

　鳥取県の積極的な移住施策は，2011年504人，2012年706人，2013年962人と，3年間で2,172人の移住者という実績をみている。移住者は就業を求める20～30歳代と，田舎暮らし志向性の高い50歳代に区分できる。政府の支援措置も充実してきており，今後は公私にわたる経済的支援をどう強

化していくか，市町村との連携で実効性をどう高めていくかである。

農村・都市の交流・連携

第3の施策が，農村・都市の交流・連携である。大都市は戦時中，学童疎開などで郡部から支援をうけた，農村の危機をみて，恩義を還元する責務がる。市場ベースで乗せられない分野を，都市・農村交流で補填していくべきである。

第1に，栃木県茂木町は，集落単位で都市と農村の連携事業を，「オーナー制度」によってすすめている。「その特徴は，柚子や梅，そば，椎茸のほだ木，棚田から竹林までがオーナー制度の対象になっていて，集落ごとだから実に多彩なことである」[14]といわれている。

「オーナー制度」は，素晴らしいシステムである。都市住民も利益をえることができ，農村も生産品販売，景観保全などさまざまのメリットがある。さらに「オーナー制度」であるため，当然，都市住民と地元住民の交流がある。茂木町では「ゆずの里」で5,000人，「棚田」で6,000人の年間来訪がある。イベントや直売店をつうじて，多彩な交流がうまれている。

第2に，合掌造りで有名な五箇山地区も例外でなく，棚田の耕作放棄地への対応が，オーナー制度による「世界遺産米」の生産システムを形成していった。解消された耕作放棄地は6万4,000㎡になった。[15]

第3に，農村留学とか農村体験とか，都市と農村の交流提携によって，農村活性化を図っていく余地は大きい。全国的に有名なのが，島根県隠岐島前高校である。生徒減少で廃校寸前の危機に見舞われた。

「島の最高学府を守れ」と，全島で一丸となり，知恵を絞り，小人数方式の特殊カリキュラムで，島外から生徒を集め，2008年の89人から2014年の156人へとV字回復をしている。外部からの人材導入ととも海士町の地域振興の独自性で，学生減少に喘ぐ，地方大学にも適用できる復興戦略である。

地元企業の存在・育成への認識

第4の施策が，農村における地元企業の存在・育成への認識であり，生産

部門だけでなく生活サービスの事業化も，地域活性化の得がたいファクターである。都市部ではコミュニティ・ビジネスとして，NPO法人が，非営利的サービスを手がけているが，過疎町村で，コミュニティの公共需要を，ビジネス化していく動きが活発化している。

地域経済の貢献度からみると，地元資本が，地元と経済に及ぼす影響はもとも大きい。地域おこしは，外来資本に頼らず，地元と資本の自己還元型経済をめざすべきで，地元企業拡大は，有形無形の地域経済への大きな成果となってくる。

企業・団体の大小は問題でなく，地元セクターが，企業活動の一環として，地域貢献度を発揮してくれれば，雇用をふくめて地域活性化に大きく貢献する。[16]

第2の類型が，農業・農村振興策で，もっともオーソドックスな方式が，地域の資源（自然・施設・人材）を活用して，地域社会の経済の拡大・高次化を図っていく戦略である。第1次産業の6次産業化である。

これらの事業実績・経済効果については，すでにみたが，生産分野に傾斜していた従来の農政を，農産物の製造という第2次産業化，さらに農産物の販売・地元消費といった第3次産業化である。地域経済の地元効果が，約6倍にふくらむだけでなく，異業種との交流で，地元経済の活性化への促進剤となる。

極論すれば田園風景・文化遺産も，存在そのものを保存するだけでは，地域経済効果は皆無といえるが，観光資源として新しい価値を付加していけば，大きな経済効果の発生源となりうる。

ことに観光との連携での6次産業化は，一般的戦略である。香川県小豆島のオリーブ栽培・オリーブ製品・観光施設オリーブ園と，6次産業化を図っている。農業生産の付加価値を高め，より多くの雇用・所得をうみだすのみでなく，本州・四国との連絡船の便数も多くなり，生活貢献度も大きくなる。

地域資源の活性化

第1の施策が，観光資源開発というハードタイプだけでなく，イベント・過疎での体験ツアーなどである。第1に，大分県豊後高田市は，過疎化と大

型店舗の出店で，シャッター商店街と化した，さびれた街を逆手にとって，2001年「昭和の街」として再生させ，年間33万人の観光客が訪れる観光地になった。

商店街再生については，多くの事例があるが，スーパーとの共存はむずかしく，商店街を複合的市民サービスセンターとしての再生が試みられている。

第2に，自然資源の観光は，実際はどこの地域でも，かくれた自然・文化遺産が無数にあるが，それを見出し，保全し，さらに観光資源として再生させていくかである。

今日，観光資源として有名な，柳川疎水は，市の下水道計画で埋め立てられるはずであったが，市の一係長が，市民を捲き込んで計画を撤回にもちこみ，疎水を復活させた秘話は感動的である。地域には無限の価値が埋蔵されている。その資源を復権さすのは，政府・自治体だけでなく，市民の自己努力が不可欠である。[17]

第3に，芸術を観光戦略の資源として，島々の再生をめざした，瀬戸内海の小島・直島の挑戦である。香川県の直島・豊島・女木島・男木島・犬島・大島などは，戦前・戦後にかけて，マイナスの遺産を背負わされてきた。最近では豊島の産業廃棄物問題が有名である。

過疎化・高齢化に喘ぐこれら島々が，瀬戸内国際芸術祭に参加し，島の再生をめざした。その背景は，この芸術祭は，香川県の芸術による観光戦略と，直島における長年の現代アートで島の活性化に取り組んできた「ベネッセアートサイト直島の「公益資本主義」の思いが一致して実現した。

瀬戸内国際芸術際は，回をかさねるにつれて，参加者・観光客も増加し，その効果は経済効果（2010年，入込客数93.8万人）だけでなく，交流人口の増加，住民の生き甲斐，島々の知名度アップなど，さまざまの効果がもたらされた。

しかし，芸術というコストのかかる資源を戦略要素としたため，持続性も含めて多くの課題に直面した。行政依存の財源問題で，県の補助金・ベネッセからの寄付金に依存してきたが，持続性から，芸術祭の収益性向上が課題となっている。さらにコンベンションであるため，一時的な成果に止まるもので，自

働的に持続するものでなく,新規の魅力をどう注入していくかである。[18]

なお直島(7.8㎢)で,2005年人口3,538人,2010年人口3,325人と213人の減少であり,台帳人口は,2012年3,298人,2014年台3,171人で127人減少,2040年推計人口1,950人と41.35％と激減予想となっている。しかし,13年の人口変動は,自然人口-31人,社会人口-2人(転入144人,転出147人)で,離島としては健闘している。

第4に,観光・リゾート型では,さきにみた軽井沢・ニセコ町など,典型的地域であるが,交通至便な地域のみでなく,将来的には長期滞在型では,離島・山村僻地でも可能性はある。ただ外来型リゾート構想で,地方はひどい目にあっているが,内発型でも地域振興に卓抜した経営手腕と,慎重な情勢分析がのぞまれる。

特産品開発と地域おこし

第2の施策が,特産品の開発である。地域にはさまざまの資源があり,それを商品化し,販路を拡大し,成長させるエネルギーシステムである。個人であり,自治体であり,公益団体であり,民間企業であるが,相互協力で成功させる,マネジメントである。

第1に,政策投資銀行の報告書は,「馬路村農業協同組合(高知県安芸郡馬路村)」は,村の主要産業の林業が斜陽化したが,自家用でほそぼそと栽培されていた,「ゆず」栽培に注目し,特産品として事業化し,組合が中心となり,生産・加工・販売そしてブランド化を展開していき,年商30億円の売上と雇用70人の創出をみている。[19]

第2に,長野県川上村は,レタスの生産日本一であり,村長による「農業改革」がスタートして以来,20年の成果であり,生産だけでなく,人口構成も30代・40代が多く,出生率も全国トップクラスである。

第3に,なかでも有名なのが島根県隠岐島の海士町で,特産品の開発で,都会から300人のIターン者があり,活気あふれる街に変身している。2004年から2011年までに218世帯,330人のIターンがあった実績をみている。[20]

Ⅱ　縮小消滅地域への地域振興政策

注目されるのはその過程での町・町長の地域おこしへの卓抜した自治体改革での手腕である。[21]

　第4に，官製的地域おこしと対照的に，まったく企業ベースで，京都府亀岡市の篠ファームは，激辛野菜ハバネロ・ハラペーニョを，限界集落の農家に栽培してもらって，全生産を全部買取方式で，過疎崩壊に歯止めをかけている。[22]

　また個人ベースの事業化もある。島根県美郷村で，個人で地元果樹のポポーを活用し，アイスクリームを製造し，市販に成功し，販路拡大をつづけている。ポポーは外来果物であるが，現在では放棄され，農家の庭先で自生しており，その実を回収して原料としている。

　したがって原料コストはゼロである。なお資金は68人から30万円を募り，営業資金を調達している。中山間地域でも，事業へ共鳴した住民が反応して支援金として出資してくれるのは，事業者にとって心強いものである。地元の直売店で試販に成功し，ついで島根県の東京サテライトでも完売し，今後の展開がたのしみである。[23]

　第5に，「葉っぱビジネス」で有名な徳島県上勝町でも，人口減少はとまらない。人口は昭和30年6,265人から平成23年3月1,904人と減少し，65歳以上人口49.7％と全国水準23.1％を大幅に上回っている。[24]

　「葉っぱビジネス」は2011年で売上高年2.6億円であり，個人年収1,000万円にも達し，上勝村の高齢者は元気であり，「上勝村の75歳以上の高齢化率は徳島県第1位である。しかし，医療費は1人当り約26万円，徳島県内で50市町村中32位と低い」[25]と，波及効果が紹介されている。

　しかし，「葉っぱビジネス」の後継者づくりが必要で，内閣府地域社会雇用創造事業が実施している研修制度を導入して，定住者をみている。[26] 研修とか職業訓練だけでは，定住効果は不十分で，上勝町は「U・Iターン希望者が増加しているのに対して，住居や雇用の整備が追いついていない」[27]が，これこそが上勝町の次なる課題といわれている。[28]

　ただ特産品による地域おこしも，楽観をゆるさないので，人口増加策としての効果は限界がある。競争が激しく，農村だけでなく都市部でも生産可能とな

りつつあり，特産品といっても，酒・魚・果物などは，代替品との競合で，市場は飽和状況にあるからである。そのため特産品で地域をささえるには，事業化・差別化・付加価値化など，不断の努力が必要である。[29]

遊休資源の再利用と固有資源の再認識

　第3の施策が，遊休資源の再利用であり，固有資源の再認識である。観光資源としての風景・景観がある。岐阜県白河村の合掌づくり民家であり，各地にある田園風景，たとえば棚田などであるが，その資源維持は，住民の涙ぐましい努力の賜物である。[30]

　第1に，高知県梼原町は，森林組合による森林認証を取得し，森林事業と環境保全をベースに多角経営をすすめ，事業成績をあげている。[31]

　第2に，廃校となった小学校校舎を活用した，林間学校などは従来から盛んである。集落で空き家（古民家）を複数改修して，宿泊施設・レストラン，コミュニティ施設などに活用することで，地域活性化を図っていく施策である。成功事例としては，兵庫県篠山市の「集落丸山」などがある。

　第3に，宮崎県綾町は，ユネスコ・エコパーク（生物圏保存地域）に登録された，照葉樹林都市で，自然生態系農業に取り組み資源循環型農業をめざしている。地域資源を活かした産業観光で，活性化を図っている。

　「21世紀に残す日本の自然百選」「森林浴の森日本百選」「名水日本百選」などの実績をもっており，山城の再建，「クラフト工房」「伝統的まつり」など，自然との共生をテーマに積極策を展開している。[32]

　第4に，空き家とか耕作放棄農地などである。徳島県神山町特定非営利活動法人グリーンバレー（日本の田舎をステキに変える・サテライトオフィスプロジェクト）は，町内に点在する古民家に東京・大阪などのITベンチャーなど10社が，サテライトオフィスを構えている。

　さらにレストランなども，移住者が開業している。11年度には町制実施以来はじめて転入者が転出者を12人上回った。そして11年度には，職業訓練塾「神山塾」が開講されている。

第5に、地域資源は無数にある。たとえばエネルギーであり、小規模水力発電とか、太陽光発電とかで、自然エネルギーによる収入・収益創出で、地域おこしの起爆剤とする戦略が一般化している。ただ第1次産業の再生といっても、労務集約型で成功するとはかぎらない。

　どうしても経営的対応が不可欠となる。企業化による成功として、岡山県真庭市の林業が有名である。平成の大合併で市になったが、合併人口1970年6万2,608人、2014年4万8,768人で、若年女性人口減少率52.1％、「消滅可能性都市」の烙印をおされている。しかし、真庭市は林業で「木質バイオマス発電」で、地域社会の活性化に成功している。ベストセラー『里山資本主義』で紹介され、一躍、脚光を浴びる模範地域である。

　現在、2,000KWの発電が稼動中であるが、森林組合・真庭市などの9団体で、昨年、設立した「真庭バイオマス発電」企業が、1万KWの発電所建設をめざしている。2万2,000軒分に相当する能力があり、雇用創出効果も直接的には15人程度であるが、関連をふくめると200人になる。

　真庭市の推計では、市役所・福祉センター・農業用ハウスで現在使用されているが、約24億円分の化石燃料を節約したことになる。[33]

　再生エネルギー事業は、自己循環型経済の典型的事業で、電気代として支払分だけ地域還元され、地域が消費していく、この経済メリットをらさに起業化の財源として、自己循環型経済を拡大させていく戦略ができる。現在、2,000人以上が、「バイオマスツアー」に参加しているが、来年、4月には大型発電所が稼動するので、ツアー客の増加も期待できる。

実績のある地方団体の人口動向

　これら地域おこしで、実績のある地方団体の人口動向（**表19参照**）をみてみると、第1に、ニセコ・軽井沢・海士町以外は、2014〜2009年の動向は減少であり、姫島町・上勝町のよおに地域おこしで有名をはせた町村が、大きな減少となっている。

　第2に、自然人口はすべての町村で減少であるが、社会人口は、佐久市・

表19　地域再生団体の人口の推移・将来人口　　　　　　　　　　　　（単位：人・％）

市町村	若年女性減少率	総人口				13年人口変動			生産年齢増減 14/09
		国調2040	台帳2009	台帳2014	14/09	自然人口	社会人口	人口増減	
北海道ニセコ町	-38.4	4,353	4,673	4,704	0.7	-18	-26	-44	-1.5
群馬県上野村	-60.7	739	1,403	1,338	-4.6	-14	-25	-39	-1.5
長野県飯田市	-43.9	74,577	106,024	103,510	-2.4	-381	-224	-605	-4.8
長野県佐久市	-32.0	84,763	99,650	99,162	-05	-384	184	-200	-1.9
長野県軽井沢町	-33.0	17,197	18,951	19.704	4.0	-51	217	166	-0.9
長野県川上村	-40.8	4,172	4,375	4,086	-6.6	-54	-39	-93	-6.2
長野県小布施町	-57.7	7,206	11,486	11,315	-1.5	-54	37	-17	-3.8
長野県栄年	-64.4	994	2,364	2,141	-9.4	-45	-10	-55	-12.1
島根県邑南町	-58.4	6,781	12,449	11,586	-6.9	-161	-4	-165	-9.1
島根県海士町	-64.3	1,294	2,370	2,361	-0.4	-19	59	40	-0.2
岡山県真庭市	-52.1	29,941	51,704	49,031	-5.2	-434	-152	-586	-7.5
徳島県上勝町	-63.4	844	2,006	1,812	-9.7	-39	-28	-67	-11.5
香川県小豆島町	-64.9	8,717	16,833	15,868	-5.7	-177	-54	-231	-9.0
大分県姫島村	-66.4	993	2,519	2,280	-9.5	-67	-20	-87	-16.4
宮崎県綾町	-50.9	5,032	7,608	7,639	0.4	-13	1	-12	-5.0

注　若年女性減少率は 2010 → 2040 減少率
資料　増田寛也「ストップ『人口急減社会』」『中央公論』（2014.6）32頁，なお台帳人口・変動人口は，東洋経済新報社『地域経済総覧』

軽井沢・小布施・海士町が，大きく増加しているが，なかでも離島の海士町が増加しているは，地域おこしの成果であり，「消滅地域」にとって，勇気づけられる快挙といえる。

　第3に，生産年齢人口は，すべての市町村がマイナスであるが，海士町が-0.2％に対して上勝町がと-11.5％と対照的格差となっている。上勝町の葉っぱ事業の波及効果が，きわめて小さかったといえる。

　第4に，人口減少予測として，2040年人口が，ニセコ町が微減であるのは妥当といえるが，海士町が半減すると予測されているが，地域おこしがこのまま持続できれば，予想は大きく覆るであろう。

　つぎに財政状況（**表20参照**）をみてみると，第1に，地域再生に成果をあけている市町村は，必ずしも富裕でなく，むしろ貧困・人口減少をバネに頑張っている。海士町・姫島村はいずれも財政力指数 0.09 の極貧団体である。

表20 地域再生団体の財政状況（2012年度）（単位；百万円，％）

区 分	市町村税額	財政力指数	市町村税比率	交付税比率	国庫府県支出金率	投資的経費	実質公債費比率	積立金	地方債残高	将来負担比率
北海道ニセコ町	656	0.24	14.4	43.4	10.6	930	14.6	1,232	6,351	85.0
群馬県上野村	1,973	1.20	44.1	2.9	19.0	1,835	7.7	6,598	3,634	0.0
長野県飯田市	13,219	0.53	30.0	28.1	15.5	5,033	8.7	11,630	40,463	0.0
長野県佐久市	12,230	0.52	24.3	25.6	14.5	10,254	3.0	28,693	44,191	0.0
長野県軽井沢町	8,546	1.53	53.3	0.5	9.1	5,045	0.6	9,831	3,486	0.0
長野県川上村	574	0.24	13.4	49.9	6.7	824	4.6	3,857	3,478	0.0
長野県小布施町	1,070	0.38	23.3	37.3	10.5	321	8.9	1,184	3,748	24.5
長野県栄町	180	0.13	2.4	26.6	44.3	3,309	11.3	1,117	2,299	34.1
島根県邑南町	1,025	0.17	8.2	66.5	11.7	1,567	15.1	3,893	16,184	150.5
島根県海士町	194	0.09	4.6	56.9	15.1	860	17.8	801	6,870	136.6
徳島県上勝村	147	0.12	5.1	54.9	15.7	407	5.7	3,975	2,515	0.0
香川県小豆島町	1,502	0.33	15.6	40.3	11.8	1,585	6.5	5,931	7,264	0.0
岡山県真庭市	4,980	0.31	15.9	50.2	13.3	4,294	12.8	16,448	34,457	60.1
大分県姫島村	115	0.09	5.5	63.7	9.9	184	10.8	1,891	2,409	0.0
宮崎県綾町	554	0.22	12.5	44.9	12.9	631	12.2	769	4,970	51.5

資料　総務省『地方財政白書』

　第2に，財政力が低く，市町村税構成比が低水準であっても，交付税・補助金を算入すると，実質的財政力は一気に上昇する。川上村は，町村税比率13.4％であるが，交付税49.9％と，地域おこしの財源不足は完全に解消したといえる。なお栄町の補助金構成比が高いのは災害復旧事業である。

　第3に，財政的債務は，交付税があるにしても，一定限度をこえると，返済のため財政も疲弊してしまう恐れがある。真庭市は地方債残高・将来負担比率も大きいが，財政運営における健全化への配慮が必要であろう。将来負担比率では，ニセコ町は観光開発での投資であり，海士・邑南町も人口誘致の積極的政策の結果であろうが，100％をこえるのは，将来の財政運営上で懸念が残る水準である。

注

(1) 島根県邑南町の村おこし施策について，くわしくは大江・前掲「消滅市町村」参照。
(2) 養父市の動向は，人材も三井物産関西支社企画業務室の左藤功次長（総務省「地域おこし企業人交流プログラム」活用）が，約半年間ほど事業に従事する。京都大学大学院農学研究科博士課程の江藤彬史（27歳）も，総務省「地域おこし協力隊」制度を活用しての派遣であり，約半年間ほど事業に従事する。広瀬養父市長は「特区は農業をベースにすべての産業に及ぶ。出かかった芽を育てるのが特区チーム。その他の多くの職員は土壌であり栄養であり水分。特区活用の努力を怠ることは市民への背信行為です」と訓示している。朝日新聞 2014.10.2 但馬版
(3) 大江・前掲「地域の力」120 頁。(4) 同前 97 ～ 108 頁参照。
(5) NHK ニュース，2014.11.26。
(6) 「人口減のウソ・ホント」『週刊東洋経済』2014.2.22, 70・71 頁参照，前掲「人口減のウソ・ホント」。
(7) 増田『地方消滅』は，「都市で生活困窮に陥っている若者が農林山漁村において農業法人に就労するならば，農林水産産業の担い手確保だけでなく，若者の自立支援のうえでも意義が大きい」（増田・「地方消滅」64 頁）と，その複合効果を評価している。さらに「総務省の『地域おこし協力隊』や農林水産省の『新・田舎で働き隊』のような，都市住民の地方移住を支援する取り組みは着実に実績を上げている」（同前 57 頁）と，成果を強調している。なお「地域おこし協力隊」は総務省所管，財政支援は特別交付税で，隊員 1 人当り上限 400 万円（報酬費 200 万円，活動費 200 万円），自治体経費 1 団体あたり上限 200 万円で，期間は最長 3 年である。住民票を移し，地域に住み込みが条件である。なお受入地域には集落支援員への補助（上限 350 万円，兼任 40 万円）があり，24 年度実績は，専任 694 人，兼任 3,500 名で，192 団体である。
(8) 前掲「人口減のウソ・ホント」, 58・59 頁参照。
(9) 総務省地域自立応援課「平成 25 年・地域おこし協力隊の定住状況等に係るアンケート結果」参照。
(10) 平成 19 年に移住者約 40 世帯がみられるが，大半は年金暮らしで，永住予定者 4 人，40 代以下 2 人で，「移住促進政策は少子高齢化の解消には寄与していない」（大江・前掲「地域の力」83 頁）と，限界が指摘されている。それでも住民が主体の「明日の南牧をつく会」「南牧山村ぐらし支援協議会」などが創設され，農産物の直売，移住促進・定住普及の運動をすすめている。なお雇用をつくりだすため，同村の「道の駅」で，地元女性が立ち上げた「かあちゃん本舗」が特産品を売り出し，人気商品となった。それも働いているのは，50 ～ 70 代の女性 16 人で，月収 5 万円にみたない。村全体の人口はこれではふえないと，村おこしのイメージと実態とのギャップが大きい。

Ⅱ　縮小消滅地域への地域振興政策

(11) 自治体問題研究所編『小さい自治体輝く自治体』170～171頁参照，以下，前掲「輝く自治体」。
(12) 同前174頁。
(13) まず所得補償制度で，「若者定住者の受け入れ対策としての『生活補給金制度』は，移住前と比べて所得が減少した場合に，安定した所得がえられるまで最長36ヵ月間補給金を支給するものである。支給額は1世帯月5万円，単身者は月3万円である」（同前175頁）と説明されている。つぎに子育て支援制度で，「将来のむらづくりに欠かすことのできない人口対策の1つで………手厚い支援を実施し，年少人口率10％以上を維持している」（同前175頁）としている。なお支援の内容は手厚い。「誕生祝金3万円」「養育手当第3子以上最大月5万円」「定額保育料月2,000円」「入学祝金3万円」「給食費無料化」「学童保育の開設」「18歳までの医療費無料化」で，年少人口率10％以上を維持している。
(14) 同前65頁。
(15) 朝日新聞2014.4.2富山県版。
(16) 政策投資銀行の報告書（47頁参照）は，「(株)マキオ（鹿児島県阿久根市）のスーパー運営をあげている。1985年創業，資本金3.4億円，従事員908名，売上高273億円，経常利益11億円の立派な中堅企業に成長している。また平成25年度過疎地域自立活性化優良団体として表彰された，新潟県十日町市株式会社あいポート仙田が注目される。農業支援（耕作作業の継承），高齢者支援（雪下ろし・通所交通・昼食提供），生活支援（店舗運営・地域集会所提供）など，地区の便利屋かつ世話役として，地区の生活マネジメント法人である。総務省優良団体報告書参照。
(17) 広松伝『ミミズと河童もよみがえり』（川合文化研究社，1987）参照。
(18) 古川一郎編『地域活性化のマーケティング』（有斐閣，2011年）197～227頁参照，以下，古川・前掲「マーケティング」。
(19) 前掲「政策投資銀行」報告書46頁。
(20) 朝日新聞2014.8.18
(21) 平成大合併のうねりの渦中でも，島という地理的特性から単独町制を選択した。2004年に「自立促進プラン」を策定して，行財政改革によって4億円を捻出し，「守り」を固める一方，外部人材の登用によって，島の活性化を戦略の中心に据えた。町役場の機構も，観光と定住対策の「交流促進課」，第1次産業振興の「地産地商課」，新産業創出の「産業創出課」の産業3課を設置し，積極的振興策を展開したことである。そして産業振興を背景に町営住宅の整備，広報活動，雇用の確保，移住者への配慮など，積極的定住対策によって，移住政策に成功をおさめている。「政策投資銀行報告書」59頁参照。
(22)・(23) 大阪テレビ「ガイヤの夜明け」，2014.10.12。
(24) 矢野正高「上勝村は過疎化・高齢化の流れを止められるか」『21世紀社会デザイ

ン研究』2011.no10 号参照，矢野・前掲「上勝町」
(25) 同前 5 頁。
(26) この点について，「平成 21 年度から葉っぱビジネスを展開する株式会社いろどりが引き受けている。30 日間，20 名が上勝町で生活する。これまで累積 200 名が参加しており，まだ開始されたばかりであるにもかかわらず，既に 13 名もの参加者が上勝町に就職しており，I ターン希望者獲得には，非常に高い効果があると思われる。しかし，定住したと言えるほどの期間はまだ経過しておらず，今後の経緯に注目すべきである」(同前 8 頁) といわれている。
(27) 同前 10 頁。
(28) 直接的雇用効果をみると，(株) いろどり (地場農産物の加工・販売：資本金 1,000 万円，従業員 6 人，売上額 2.5 億円：徳島県上勝町)，馬路村農業協同組合 (地場農産物の加工・販売：出資金 1.9 億円，ゆず関連従業員 6 人，ゆず関連販売額 31 億円) と，きわめて小人数である。
(29) この点について，「農産物の高付加価値化といっても，それができる農家はかぎられる。農業一般に農産物の高付加価値化を迫ると，それについて行けず優遇措置をうけられない大多数の農家が取り残されることによって，農村社会の荒廃を加速させる恐れがある」(奥野・前掲「地域自立」9 頁) といわれている。要するに「畜産は別にして高付加価値は場所をえらばない。かつて椎茸などは，田舎の山陰になった場所で栽培されるものだったが，今では大都市圏で工場生産されていて，製造過程や品質管理などは工業製品と変わらない。蘭などの高級な花弁栽培や高級野菜，苺やイチジクなどの果物でも同様になってきており，なかには遺伝子工学の最前線の産業になっている」(同前 10 頁) からといわれている。
(30) 自然資源の維持について，「田舎の自然や景観を守ることは，都市住民を含む国民に対する公共財的なサービスである。しかし，里山や田畑，茅葺き屋根の織りなす風景が農山村の住民の日常生活の営みのなかで維持されることは難くなってきた」(奥野・前掲「地域自立」11 頁。) と，憂慮されている。
(31) 大江・前掲「地域の力」122 ～ 146 頁参照。
(32) 前掲「輝く自治体」220・221 頁。
(33) 朝日新聞 2014.11.19。

Ⅲ 「拠点開発」構想への政策検証

1 「地方中核都市」構想への批判

　地方創成会議の最大の戦略は，国土デザインにおける「地方中核都市」強化であるが，拠点開発構想の域をでておらず，「『地方創生』という名の『地方切り捨て』」[1]であり，極論すれば「結局，当面の選挙対策として公共事業や補助金のばらまきがでてくるのではないか」[2]とまで酷評されている。

　『地方創生』という名の『地方切り捨て』
　新産業都市は，地域戦略の成功と失敗という明暗がはっきりしているが，中核都市構想には企業誘致・人口増加といった，単純明快な戦略要素でないので，補助事業の消化という官庁ベースの対応で，終止符がうたれてしまう恐れがある。
　第1に，中核都市構想の核心は，東京圏への人口流出防止ダム機能であるが，はたして機能するのかである。首都圏（東京都，埼玉・千葉・神奈川県）の人口増加（表21参照）は，依然として旺盛で，2000年・2010年の国勢調査で204万人の増加で年20.4万人となる。
　2012・13年の住民台帳人口では82.4万人と大幅増加で，調査方法が異なるので，平均として年約50万人とする。

表21　首都圏人口前掲状況　　　　　　　　　　　　　　　　　　　　（単位：千人）

区　分	2000年国調人口 A	2010年国調人口 B	2012年台帳人口 C	2013年台帳人口 D	A－B	D－C	B／A	D／C
埼玉県	6,938	7,195	7,150	7,272	257	122	3.70	1.71
千葉県	5,926	6,056	6,148	6,240	130	92	2.19	1.50
東京都	12,064	13,159	12,699	13,143	1,095	444	9.08	3.50
神奈川県	8,490	9,048	8,917	9,083	558	166	6.57	1.86
合　計	33,418	35,458	34,914	35,738	2,040	824	6.10	2.36

資料　総務省『地方財政白書』

Ⅲ 「拠点開発」構想への政策評価

　地方中核都市61都市とすると，1都市あたり増加人口約8,197人となり，地方中核都市の人口状況（**表22参照**）は，年-1,000人とすると，約9,000人の人口増加が必要となるが，現在の中核都市にとって，あまりにも過重な人口増加ノルマで，ダム機能は完全に崩壊してしまう数値である。

　かつて大阪は，「二眼レフ」論を提唱して，東京一極集中のエネルギーを，大阪へ誘導しようとしたが，圧倒的な東京一極集中のエネルギーに，かき消されてしまった。

　第2に，地方中核都市構想は，集中投資での機能強化で，人口受け皿を拡充する戦略であるが，多分に机上演習的対応である。[3] たしかに2014年5月の地方自治法改正で，「連携協約」が制度化され，中核都市の機能拡大・強化をめざして，自治体間で生活サービスの相互供給の協定を締結している。

　政府（総務省）の「地方中枢拠点都市圏構想」は，市町村主導の都市再編成であると，その利点が期待されている。[4] 従来の開発拠点都市とことなり，地域連携方式で都市圏としての結合性は高く，その方式は，高く評価されている。[5]

　しかし，機能集約化とか都市連携化は，所詮，漠然とした都市機能強化であり，直接的な人口増加効果を発揮しない。政策的には集約型都市機能の整備強化より，戦略的には東京圏の企業活動への直接的な課税強化・融資削減などの施策が，東京抑制には，有効ではなかろうか。

　一方，報告書がめざす即効性からいえば，地方中核都市への直接的な企業・学校・医療機関などの施設誘致政策が，より実効性がある。

　第3に，市町村中心の都市圏行政は，「大平内閣」の「田園都市構想」，「福田内閣」の「定住自立圏構想」と同様であるが，これら2つの構想は，東京一極集中のダム機能より，過密都市を脱却した，生活重視の分散型都市という性格が濃厚である。

　しかし，中核都市構想は，東京圏への対抗都市としての位置づけであり，単なる「田園都市構想」ではない。しかも中央省庁の対応は，「定住自立圏構想」より，「地方中核都市」への財政支援では，後者がより大きいといわれているが疑問である。[6]

しかし,「地方中核都市」の多くは, 第2次産業の比重が高く, 東京一極集中への対抗力は弱く, 地理的に東海道メガロポリスからはなれると, 対抗力は資本投資をしても, それほど強化されないのではないか。
　第4に, 中核都市構想は,「圏域構想」「機能集約」「連携協約」によって, 人口受容能力の拡大と中心都市強化が, 戦略要素である。
　そのため連携化と集約化が, 再生への処方箋として提唱されるが, 社会資本の序列化は, すでに行われており, 強制的実施となると, 周辺都市の衰退を加速させることになるのではないか。[7]
　また都市連携といっても, どのように都市機能を配分し, 都市間競争を調整するのか, すぐれたシステムはなく, 都市財政力と都市規模に対応した施設配置が行われており, ことさら機能再編成を迫る必然性もない。[8]
　結局, 箱物行政の氾濫と, 都市機能配置は別個の問題で, 箱物乱立は, 都市自治体の自己抑制機能にまつしかない。もっとも同規模の都市が近接している場合, 共同で病院・学校・研究機能などを建設・運営することは, 実際, ひろく行われている。
　周辺市町村と連携し, 医療・教育・消費などの機能を, ネットワーク化で機能強化するとしているが, 提携がないよりあったほうがよいが, 周辺市町村と中核都市が, 具体的提携すべき施策は, かなり少ないのではないか。
　10万人前後の都市では, 相互補完が考えられるが, 中核都市は本来, 周辺都市へのサービス機能を提供するがゆえに中核都市である。たとえば交通サービスの周辺都市への延長とか, 回数の増加などが想定されるが, すでに導入されているのではないか。さらに自治体間で協定して強化をするにしても, 人口増加への貢献は小さいであろう。
　また医療機関・教育施設の広域的サービス機能の充実は, 戦略的には実効性があり, 政府財政支援は, これら施設の大規模化・高度化への経営支援に限定すべきで, 総花的に補助事業をばらまいても効果はない。地方大学の研究機能は, 東京圏の大学に比較しても遜色はなく, ことに国立施設・機関の創設・拡充策は, 失敗の確率がすくない施策である。[9]

Ⅲ 「拠点開発」構想への政策評価

　第5に，創成報告書は，「スキル人材」の再配置をあげている。[10] しかし，地方中核都市ともなれば，余程，特殊な技能以外は，地元の人材で対応可能であり，多くの都市機能強化が，地域社会が官民セクターで協力し，地元住民が参加して，実施するのが理想である。

　たとえば都市再開発事業で，外部コンサルタントの意見・示唆をうけるにしても，最終的な事業・経営方針は，当該自治体の首長が決定し，運営は官民セクターとしても，経営責任は，地元がとるというシステムがなければ，経営は成功しないであろう。

　もっとも制度として，外部人材をヘッドハンターするとか，地域おこしでIターン・Uターンの人材が活躍するのは，次元の異なる問題である。地域再生に本当に必要な人材は，地元民であれ移住者であれ，地域社会と運命を共有する覚悟のある人材で，そのような人材をより多く育成・輩出する機会の提供が肝要である。それは育成塾であり，実践の場である。

　第6に，地域金融機関の再構築があげられている。地域経済循環創造交付金のように，自治体と民間企業との合同のベンチャー起業が，政府支援の対象となる事業が，次第に多くなっており，当然，地元金融機関の参加が重要となる。[11]

　総務省「地域経済循環創造交付金」も，5,000万円程度のエネルギー再生・地方特産品創出であり，大規模な建設事業は想定されていない。しかも都市機能強化の効果がでるのは，長期事業の結果であり，即効的効果は無理である。

　第7に，地域開発システムの変更が求められる。地元企業だけでなく，あらゆる企業の生活・地域貢献化である。欧米社会にあっては，企業の社会貢献度は大きく，東京本社の企業も，支店・工場などが立地する地域社会への環境・教育・福祉などへ，市民企業として貢献すべきである。

　そして個人も地域社会において，地域・個人ボンド設立，地域おこしの起業化などに参加すべきである。信託銀行などが，公益信託業務を実施しているが，福祉・環境・教育基金などの市民ボンド設立が，戦略に実効性がある。

　もっとも典型的事例は，市民参加の太陽光発電事業で，このような事業のプロモーターを，公的私的資金が支援すべきである。いずれにせよ地方中核都市

構想には，戦略としての斬新さが欠落している。

　金融機関と地元企業の連携では，東京都八王子市の多摩信用金庫を中心とする，「サイバーシルクロード八王子」があげられる。自社ビルのフロアを無償で提供し，ボランティアで参加した「ビジネスお助け隊」（公認会計士・中小企業診断士・社会保険労務士など）が，起業化を支援し，さらに人材育成・異業種交流などを，さまざまの問題をかかえながら活動が展開されている。[12]

　大学と自治体との連携というが，ベンチャー企業の創設は，医療機関などの共同出資などの官製的ベンチャー機関が主流であるが，次第に地元企業が大学の技術に着目し，協定が締結されている。たとえば神戸大学とバンドー化学（本社神戸市）などである。

　いずれにせよ機能集約化だけでは，地方中核都市のダム機能は貧弱で，地元企業など実際の企業活動を通じて，どれだけ所得・雇用をうみだせるかであり，従来の個別団体・企業の領域を破って，地域エネルギーを，どう結集できるかである。

典型的地方都市 12 都市の人口動向・財政状況

　地方中核都市で，政令市・県庁所在市などを除外し，典型的地方都市として，表の 12 都市の人口動向（**表 22 参照**）をみてみる。

　第 1 に，若年女性人口比率は，北海道とか九州といった，東海道メガロポリスの大都市圏から距離が大きく離れると，数値的に悪化し，人口減少が深刻化すると予想される。若年女性人口減少率が 20 〜 40％内の都市は，将来的にも存続するが，40％をこえる都市は，人口減少に悩まされるであろう。潜在的人口吸収能力は小さく，一足とびに東京へ流出するのではないか。

　第 2 に，2040 年の推計人口と，現在人口との差をみると，高崎・豊橋・倉敷市などはあまり大きく減少しないが．函館・下関・佐世保市などは大きく減少している。

　最近 5 年の人口動向をみると，人口増加市が 7 市，人口減少市が 6 市と，増加市が多いが増加率は 1.0％以下であり，減少率は旭川・函館・下関市は 3 〜 5％と大きい。社会人口減も，函館・下関市は年 1,000 人以上と深刻な様相

表 22　地方中核都市の人口変動の推移　　　　　　　　　　　　　　　　（単位：人，％）

市町村	若年女性減少率 2010→2040	総人口 国調 2040	総人口 台帳 2009	総人口 台帳 2014	14/09	13年人口変動 自然人口	13年人口変動 社会人口	13年人口変動 人口増減	生産年齢増減 14/09
旭川市	-53.0	241,526	354,559	273,712	-5.3	-1,434	-486	-1,918	-6.8
函館市	-60.6	161,469	284,910	273,712	-3.9	-1,883	-1,240	-3,123	-8.1
高崎市	-26.7	335,916	368,940	371,194	0.6	-667	353	-314	-2.9
長岡市	-43.9	210,496	284,846	278,855	-2.1	-1,195	-410	-1,605	-4.7
松本市	-29.9	206,132	238,456	239,542	0.5	-235	87	-148	-2.3
四日市市	-31.0	267,278	305,038	305,534	0.2	-154	-598	-752	-3.1
姫路市	-33.6	440,491	533,443	533,748	0.1	-236	-713	-949	-3.0
倉敷市	-28.1	422,884	473,743	478,187	0.9	114	619	733	-3.4
福山市	-37.8	382,874	463,817	466,604	0.6	-54	-234	-180	-3.7
下関市	-48.4	188,740	283,649	273,727	-3.5	-1,695	-1,146	-2,841	-7.7
久留米市	-46.9	233,980	283,238	302,770	-0.2	-44	-59	-103	-3.5
佐世保市	-46.5	182,433	266,379	260,669	-2.1	-848	-858	-1,706	-5.4

資料　若年女性増減率は，増田寛也「ストップ『人口急減社会』」『中央公論』（2014.6）32頁，その他は東洋経済新報社『地域経済総覧』

を呈しており，自然人口減を加えると，函館市は3,000人を超える。

　第3に，地方中核都市でも，若年女性人口だけでなく，生産年齢人口も減少しており，しかも全体人口減少率より大きく，少子化・高齢化にくわえて，戦力となる労働力が減退していけば，地域人口が維持できても，活用なき社会へと衰退していくことになる。地方中核都市といっても，三大都市圏以外では，人口吸収能力があるのは，倉敷・松本・福山市ぐらいで，このような地方都市圏に選択的に集中投資をする選別が有効であるが，結局，極端な選別投資がなされないとなると，都市圏全体の都市機能は貧弱化し，ダム機能も弱体化し，東京一極集中を阻止できないであろう。

　つぎに財政状況（**表23参照**）をみてみる。第1に，地方中核都市でも，財政力は北海道・九州などは概して低く，高いのは例外である。財政力指数80以上は，大都市以上の財政力であり，中核都市として，人口増加策を展開する財

表23 地方中核都市の財政状況 (2012年度)　　　　　　　　　(単位；百万円, %)

区分	市町村税額	財政力指数	市町村税比率	交付税比率	国庫府県支出金率	投資的経費	実質公債費比率	積立金	地方債残高	将来負担比率
旭川市	38,988	0.48	25.4	24.3	25.3	11,761	7.9	8,481	184,203	102.9
函館市	31,899	0.44	25.2	28.5	24.0	9,476	8.6	10,142	146,120	79.0
長岡市	37,323	0.60	26.1	21.9	14.9	18,316	14.4	18,940	153,880	94.0
高崎市	58,354	0.82	38.1	11.4	15.1	14,111	5.7	19,619	131,781	48.8
松本市	34,533	0.68	37.7	19.7	15.7	11,380	8.8	27,127	88,806	15.6
四日市市	62,144	0.98	59.8	2.6	18.0	8,576	13.7	22,506	84,814	66.0
姫路市	93,289	0.83	44.2	8.6	18.8	31,172	9.1	47,873	197,102	56.5
倉敷市	78,950	0.83	45.3	9.0	19.5	17,449	10.1	18,880	161,130	74.0
福山市	73,078	0.80	42.7	10.8	19.7	13,767	6.6	23,265	157,645	36.7
下関市	33,892	0.53	27.9	24.9	19.6	13,235	11.7	21,664	146,379	100.5
久留米市	38,542	0.61	30.8	18.6	23.6	18,697	3.9	21,319	123,319	9.1
佐世保市	28,579	0.50	22.7	23.0	21.8	17,588	11.7	15,337	118,676	69.9

資料　総務省『地方財政白書』

政余地は十分にある。

　第2に，市税・交付税・支出金の合計でみても，財政力の低い函館市は53.7％，財政力の高い四日市市は62.4％で，農村部のように財源調整の補填効果は大きくはない。

　経済社会環境を考えると，地方の中核都市の機能強化は，政府関係機関（大学・研究所・行政機関など）の設置が確実な効果をもたらし，波及効果もあるが，中央省庁の小刻みな補助事業では，機能強化は図れないのではないか。

　第3に，問題は，市税を基準とした，積立金・地方債残高で，松本・姫路・倉敷市は，積立金が多く，地方債残高がすくないが，倉敷市は将来負担比率が大きい。久留米市は，将来負担比率はきわめて小さいが，地方債残高は高い。地方債残高は四日市市が，市税の1.36倍と低水準である。

　第4に，経常費用は交付税措置でなんとかなるが，地方債残高・将来負担額などは，一部交付税補填があるが，基本的には自己負担である。今後，都市財政は，負担軽減と地域振興という両面作戦を余儀なくされる。政府の投資戦略の実効性が求められ，「選択と集中」か，全国的公平性かであるが，限界集落とことなり，政府とて「選択と集中」はむずかしいであろう。

注

(1)・(2) 金子勝「『地方創生』という名の『地方切り捨て』『世界』2014 年 10 月, 74 頁, 以下, 金子・前掲「地方切捨て」。
(3) 地方中核都市の機能強化について,「医療施設を『まちなか』に集約すると同時に, そこと周辺部とのバス路線を整備するなど, 拠点とネットワークの一体的再編について………これを可能とする次世代の国土 GIS (地理情報システム) の充実強化を図る」(増田・前掲「地方消滅」54 頁) としているが, 実効性となると, いかにも官庁作文でこころもとない。
(4) 「中枢都市構想」の利点として,「これら既存構想の多くが圏域や機能の設定を国や都道府県に委ねているのに対して, 地方中枢拠点都市圏構想は, 一定の要件において当該市町村が自主的に決めることになっている。つまり, 当事者である市町村が, 主体的に地域事情にあわせて設定しやすい」(辻・前掲「集中投資」49 頁) と指摘されている。しかし, 実施段階になると, 政府・府県の協力・拘束という問題が浮上してくるであろう。
(5) 都市間の連携効果について,「法制化された『連携協約』により, 市町村間での役割分担, ネットワーク形成を行う。特に地域経済ビジョンを共有して役割分担を行うことが各市町村の議会で決定された都市圏に対して, 各府省の政策資源を連携投入すべきである」(同前 53 頁) と, 各セクターの融合的協力の効果が期待されている。
(6) 「地域拠点都市」と「定住自立圏都市」の差について, 第 1 に,「中心市の人口要件が『5 万人程度』から『20 万人以上』(政令指定都市・中核市) へと引上げられていること」(同前 49 頁), 第 2 に,「財政措置が数千万円単位の特別交付税措置等から, 一桁違う数億円単位の普通交付税へ大幅拡充されていること」(同前 49 頁) と, 地方中核都市は強力な存在とされているが, 交付税措置は, 一般都市へも適用されている。
(7) この点について,「都市圏内の都市を序列化し, 市民生活の基幹をなす地域共通資本のうち高度な機能は, 上位中心に集中して配置し, 中心性を向上させることが重要になる。そうした計画と施策を通して都市圏全体の福利厚生を増大させることができる」(矢作・前掲「縮小都市」218 頁) といわれている。しかし, 共通資本の序列化は, 一般の都市圏では形成されており, 厄介なのは大都市における国・府県・政令市などの施設競合であるが, 専門性・立地性などで, それなりの機能分担が行われている。
(8) 市町村がフルセット主義に固執すれば,「地域共通資本投資は拡大し, 重複し, 無駄が発生する。すなわち, 都市圏内のどの都市も, 中途半端な, 似たり寄ったりのサービス供給機能しかもつことが出来なくなる。………都市圏全体としては無駄である」(同前 218 頁) といわれている。そのため都市圏での連帯と協調が必要であるとされている。たしかに病院・図書館をみても, 各都市にあるが, 機能・規模がことなり,

市民が選別して利用している。したがって町村の図書館を廃止し，都市の図書館を利用せよということは，横暴な論理である。
(9) 文部科学省は，独創性や先駆性のある研究にだす科学研究費補助金の全351の分野の5年ごとの採択件数トップ10の研究機関をはじめて公表した。第1位をみると，寄生虫（長崎大），デバイス関連化学（山形大），食生活学（静岡県立大学），感性情報学（宇都宮大），高齢看護学（高知県立大学）などがあり，2位・3位にも多くの地方大学が名を連ねている。朝日新聞2014.10.11。
(10) 人材派遣の必要性について，「地域経済を再構築するためには，経営・組織マネジメントを行う人材や市場競争に打ち勝つために必要なスキルを持った人材を地方へ再配置する政策が必要不可欠である………スキル人材が，そのノウハウを地域経済再興に活かせるよう，地方に再配置し，『知の偏在』の解消を目指すことが重要である」（増田・「地方消滅」61頁）といわれている。具体的事例に即して考えると，その有効性は少ないのではないか。むしろ無理やり予算消化と，ならない配慮が必要である。なによりも地域の持続的発展には，地元人材の育成がベストの選択である。
(11) 地域金融機関の新しい役割として，「医療や介護などの分野において，事業主体の再編を金融面からも積極的に促がすことである。地域金融機関は，人口減少が進むなかで地域経済全体のガバナンスの主要な担い手であるという自覚のもとに，その機能の再構築を図る必要がある」（同前63頁）といわれているが，地方都市では公益性のある事業は，すべて公共融資などがあり，市場分野の事業では，収益が低いので，民間金融機関が，どこまで支援・参加してくれるか大きな課題である。
(12) 古川・前掲「マーケティング」138～163頁参照。

2 「定住自立圏」構想への課題

　中小都市の「縮小都市」化は深刻で，年間1,000人以上も減少し，次第に「消滅都市」化の様相を深め，人口1万人以下では都市とはいえない。都市機能も，大型ショッピングセンターの郊外立地で，シャッター通り商店街となり，円高・リーマンショックで工場が閉鎖されると，都市活力の減退していった。もともと経済抵抗力が弱いので，外部環境が変化すると，都市機能を再度復活させるのは容易でない。

　国土交通省の2040年都市人口予測では，都市規模に応じて人口減少率が高い。2005年～2050年の市区町村の全国平均の予想減少率約-25.5％であるが，人口規模別の人口減少率予想は，政令市など-198％，30万人以上-22.9％，10～30万人-25.8％，5～10万人-30.2万人，1～5万人-41.1％，6千～1万人-48.0％となっている。[(1)]

　「縮小都市」の人口減少・機能脆弱化の要因は，大型店舗・工場閉鎖・若者流出（進学・就職・結婚）である。たとえば岐阜県美濃加茂市は，2008年，ソニーの工場で5,000人が働いていたが，2008年に工場閉鎖で従業員は去っていた。人口5万5,000人の市にとっては，あまりにも痛い打撃であった。[(2)]

　シャッター通り商店街が，中小都市の代名詞になっているが，原因は，郊外地での大型店舗進出であったが，近年，都心への進出がめだっている。JR岡山駅前の工場跡地に地上8階，地下2階，約2万㎡の「西日本最大」のイオンのショピングモールが開業した。地元商店街との協調をうちだしているが，共存共栄は困難で，影響は岡山県内の中小都市全体に及ぶのではないか。

　定住自立都市圏構想といった，悠長な対応で大丈夫かといえる。中核都市と比較すると，もともと求心力は弱く，機能強化・連携で消滅の危機から脱皮できるのか，だれしも不安であるが，創成報告書は，明確な対応策は提示してい

ない。

中小都市の「縮小都市」化をどう考えるか

　第1の課題は,中小都市の「縮小都市」化をどう考えるかである。第1に,「縮小都市」は世界的傾向であり,創造的縮小をめざすべきとの都市論も展開されている。[3]

　シューマッハーのいう「small is beautiful」を実践するしか,選択肢はないかもしれない。すなわち「『都市が小さくなることに目を背けずに,必要に応じて小さなことの素晴らしさを繰り返し強調する』時代認識を持たなければならない」[4] であろう。

　しかし,日本の中小都市で,アメリカのようにベンチャー企業が創設され,衰退都市を蘇生させるケースは,ほとんど期待できず,ひたすら企業誘致に,一縷の望みをたくすだけである。

　しかも緩慢な人口減少には,耐えられるが,企業城下町での主力企業の閉鎖という,急激な人口減少に耐えられない。限界集落でなく「限界都市」が,全国にひろがり,人口減少のもとで,どう存続していくか処方箋はない。

　第2に,縮小過程で,都市が再生できるであろうか,「縮小都市」論からは,1つに,都市再生の主役は,非市場セクターである。すなわち「市場の失敗」と「政府の失敗」を埋め合わせるのは「NPOとかボランティア」であるといわれているが,人口減少を阻止するだけの機能があるだろうか。[5]

　2つに,縮小都市は,都市間競争より都市間連携を重視すべきである。ワンセット主義・施設拡充主義などの競争は,最終的には過大投資となり,自滅の過程をたどるといわれている。[6] しかし,現在の中小都市に箱物行政を,大々的に展開する財政余力はなく,むしろ過大投資が荷物になっている。

　3つに,地域主権の実践である。政府・府県から財政支援をうけても,「それが地方都市政府から自己決定権(=自治)を略奪する根拠にはならない」[7] といわれている。しかし,日本では市町村自治は弱く,政府財政支援が,地域にそぐわない無駄な補助事業であっても,結局は事業化され,貴重な自己財源

Ⅲ 「拠点開発」構想への政策評価

を喪失となっている。

　第3に,「縮小都市」論は,縮小化への心構えを提供してくれているが,この思想を遵守するのは,日本の都市には酷な要求となる。日本ではアメリカのような製造業が崩壊した,「赤さびの街」地帯（rsut belt）に,ベンチャー企業が進出する動きは,あまりみられない。[8]

　日本の中小都市再生は,依然として自力再生能力が乏しい。第1に,高度成長期,人口増加が急激であったが,低成長期になると,人口減少も急激である。しかも人口のみでなく所得も減少しており,ベンチャー企業の誕生もなく,活性化への兆しはない。

　第2に,中小都市の凋落がはじまって,20年余年になるが,都市再生への有効な戦略はなく,人口減少がつづいている。各都市が再生への処方箋と戦略をシステム化しなければならない。

　ことにハード中心でソフト施策への再生策が貧弱では,いずれ限界にぶつかる。大きな成果を狙うのでなく,中小企業の開発能力を信じて,支援をつづけるのが,ベターな方策である。

　第3に,政府の中小都市再生戦略は,依然として成長型であり,空き空間・遊休資産の活用は,第2次的施策である。縮小都市は,過疎対策と同様に遊休資源（金銭・マンパワー・自然資源など）を活用する,再生事業を優先すべきである。

　第4に,中小都市に限らず,自治体財政は,政府の景気対策に動員されて,基盤整備・箱物行政など,無駄な公共投資で,財政力が疲弊し,債務残高が大きい。再生事業はソフトが主導性といっても,継続的な支出となり,財政という体力がないと,挫折の運命をたどる。

　第5に,国土構造は,都市圏の中核都市の求心力が旺盛で,周辺都市は都市機能強化が困難なメカニズムが作用している。したがって大都市・中核都市から遠隔地にあり,独自の都市圏を形成している,中小都市しか再生は困難である。

　第6に,都市再生を手がける,民間デベロッパーの成熟はみられない。ま

して非営利民間セクターの成長は緩慢であり，衰退においつけない。空き空間は再生への貴重な空間であるが，小規模であり，権利関係が複雑で，再生への条件は悪い。

　もっとも日本の都市は，アメリカのデトロイトのような壊滅的な荒廃都市はなく，また交付税制度によって，都市財政は，かなりの収入を補填されている。しかし，縮小都市再生という政策も経験もなく，民間デベロッパーも，包括的都市再生の実績はない。

　縮小都市にとって，成長都市の願望を捨て，縮小都市という現実をうけいれるべきであるが，人口が減少しても，都市再生の切り札がない，ジリ貧に状況が長期化している。

　原点にもどって，地域企業のハイテク化・ベンチャー化などに，地域再生を託すしか選択肢はない。個人か政府か，自治体自身か，海図のいな荒海への航海となる。ただ政府の地域再生策への補助は資金・人材・経営ノウハウなどの支援といったソフト化しており，産・学・官で，ベンチャー企業の創出は不可能でない。

政府の中小都市への対応

　第2の課題として，政府の中小都市への対応をみると，第1に，中小都市の再生は，政府サイドは定住自立圏方式で対応しており，総務省がすでに導入しており，都市機能の集約化・拡充化をめざす「コンパクトシティ」とおなじ概念である。

　「定住自立圏共生ビジョン」を，中心市が策定し，地域連携での機能強化を戦略要素として，地域活性化をめざす方針である。平成26年10月1日現在，中心市宣言97団体，82圏域（純計373団体）である。[9]

　第2に，都市存続の戦略の1つは，地域連携である。地方中核都市より，小規模の定住自立圏構想の自治体広域連携のあり方をみると，地方中核都市の都市連携より必要性は高く，自治体間の連携協約実績（**表24参照**）も多くみられる。

III 「拠点開発」構想への政策評価

表24 定住自立圏における取組例

市町村間の役割分担による生活機能の強化		市町村間の結びつきやネットワークの強化	
医療：74圏域	医師派遣，適正受信の啓発，休日夜間診療所の運営等	地域公共交通：70圏域	地域公共交通のネットワーク化，バス路線の維持等
福祉：57圏域	介護，高齢者福祉，子育て，障がい等の支援	ICTインフラ整備活用：35圏域	メールは配信による圏域情報の共有化
教育：61圏域	図書館ネットワーク構築，文化・スポーツ交流，公共施設相互利用等	交通インフラ整備：44圏域	生活道路の整備等
産業振興：70圏域	広域観光ルートの設定，農産物のブランド化，企業誘致等	地産地消：38圏域	学校給食への地元特産物の活用，直売所の整備等
環境：32圏域	低炭素社会形成促進，バイオマスの利用活用等	交流移住：56圏域	共同空き家バンク，圏域内イベント情報の共有と参加促進等
圏域マネジメント能力強化			
合同研修・人事交流：60圏域	合同研修の開催や職員の人事交流	外部専門家の招へい：28圏域	医療，観光，ICT等の専門家を活用

出典 総務省『全国の定住自立圏の取組状況について』8頁。

　連携といっても，中心都市への機能吸収といった形態でなく，相互補完・協力的連携で，中心都市が周辺農村への農産物購入・オーナー制度実施・余暇施設利用といったシステムでなければ，周辺町村の衰退を早めるだけである。

　ただ連携強化が，人口増加に連動する可能性は低く，戦略的投資には具体的な企業誘致・観光開発・大学立地などがなければ，施策の上滑りがさけられないであろう。具体的再生の起爆剤は，交流による情報化か，ネットワーク化の起業化，産・学・金・官の共同事業化かに求めることになるが，最後が自治体自身の企業化であり，産業の6次産業化であり，雇用・所得創出に絞った，地域戦略の展開となる。

　第3に，財政支援をみると，『定住自立圏構想』の推進のため，それなりの財政措置がなされているが，定住自立都市が，財政措置だけで人口減少を，阻止するのは困難である。[10]

　定住自立圏への補助金・特別交付税措置以外に，2009年度では，定住自立圏等民間投資促進交付金があったが，現在では一般交付金になっている。[11]

2014年度補助をみると，機能連携広域経営推進調査事業1.0億円が目ぼしい補助である。

政策対応の具体的実践事例

第3の課題として，政策対応の具体的実践事例をみると，過疎地域・限界集落と同様に空き地・空き家に悩まされており，地方中核都市よりはるかに厳しい状況にある。

山形県鶴岡市は，「大型商業施設の郊外への進出で，中心市街地から大型店舗の撤退で，都心部の空洞化が発生し，空き地・空き家が増加」[12]しており，中心部の空洞化が目立つようになった。

鶴岡市は基本的戦略として，「コンパクトシティ」をめざし，都心再生策を展開していった。具体的方針として，「①鶴岡らしい景観の保全と創出，②中心部への都市機能の集積，賑わいの創出，③様々なまちづくり活動の連携，④住み続けられる市街地の形成，④農林漁業との調和」[13]を設定し，都市機能の集約化を図っている。[14]

京都府綾部市（2010年人口3万5,836人，2040年2万2,227人）は，都心整備型より周辺農村部とのネットワーク化による，「地域クラスター」方式で，各地区がそれぞれ特性を磨き，相互協力で地域の力を育成していく。具体的にはコミュニティバス・自主運行バスなどの充実で，都市と農村の連携を強化していく，ニュータウンの建設・定住促進などの人口増加をめざしている。[15]

長野県飯田市も，郊外型商業施設の進出で，中心地区の空洞化がすすみ，地域都市圏の中心としての機能崩壊の危機に見舞われた。官民出資の第3セクター（資本金2.1億円）の総合支援センターを設立した。

再開発ビルのテナント誘致，倒産店舗・空き店舗の買取などで，商店街活性化を図っていき，さらに高齢者所有の遊休地を買い取りケア付高齢者共同住宅施設の整備・管理など多方面な施策を展開していった。推進母体は，自治体・経済団体だけでなく，おおくの市民団体が参加しており，まちづくり・地域おこしには，かかせない戦力となっている。[16]

Ⅲ 「拠点開発」構想への政策評価

　長野県諏訪市（2010年人口5万1,200人，2040年推計3万5,069人）は，戦前から精密機械産業が立地し，「東洋のスイス」といわれてきたが，近年は海外に工場をもつ，企業がおおくなりつつあるが，エプソン（本社諏訪市）などの創設もあり，産業の空洞化は発生してない。
　それは諏訪市が，企業の海外進出を積極的に支援し，進出企業が諏訪市に生産需要を還流させ，グローバル化とローカル化を融合させ，相乗効果をきたしているからである。
　その背景には，「モノづくり王国」をめざして，「人材育成と技術継承」「産学連携」「諏訪圏ものづくり機構」などをモットーとした，地域密着型の産業振興策があった。[17]
　なお人口動向は，2005年5万3,240人で2010年には，2,040人減であるが，2013年台帳人口5万188人から2014年台帳人口5万161人と－27人とわずかの減少である。この傾向からみると，2040年人口3.5万人へと急落すると必ずしもいえない。諏訪市産業が戦前からの地元産業であり，企業誘致で速成型の産業都市と違うためであろう。
　岩手県北上市（2010年人口9万3,138人，2040年7万3,437人）は，典型的な工場団地の都市で，工場団地9，流通団地1の合計10団地で，人口10万人の都市としては異例である。不況期にも企業進出があり，常識的な誘致型都市の凋落はみられない。理由は「内陸型」で臨海型との競合がなく，交通利便が良い。従業者も兼業農家で人材確保が容易である。
　また「産業支援センター」（市立検査センター）「金型研究センター」（山形大学との官学連携）などの進出企業の需要に対応したサービスを実施している。もちろん工業団地の売却は容易でなく，リース方式や割賦販売方式もふくめたセールスで成果をおさめている。[18]
　なお人口動向は，2005年9万4,321人，2010年には，1,183人減であるが，2013年台帳人口9万3,262人から2014年台帳人口9万3,511人と249人の増加である。

まちづくり団体の低迷

　第4の課題として，地方中核都市では，地元団体とか市民の参加はむずかしいが，定住自立圏では多くみられる。国土交通省の**表25**の「街づくりにおける官民連携実態調査」(平成22年，1,204団体)である。506市町村に1,631団体のまちづくり団体の存在がわかった。

　組織形態としては，任意団体が圧倒的に多いが，個別団体の具体的事業能力はわからないが，自治体が事業委託するにしても，せめてNPO法人であることがのぞましく，民間セクターの成熟はみられない。

　事業内容（複数回答）をみると，施設管理運営がきわめて多いが，事業性として安定性があるからである。ただ地域おこしからみれば，施設管理で当該団体の能力を強化し，その収益でもって，さらなる事業へと貢献する経営姿勢をもつべきである。

　イベント企画・情報発信・人材育成などは，自治体が手がけるには苦手で，コスト高となるサービス分野である。自治体の事業委託だけでなく，民間から

表25　まちづくり官民連携状況　　　　　　　　　　　　　　　　（単位：団体．%）

まちづくり団体の組織形態			まちづくり会社等の事業・活動内容		
組織形態	団体数	構成比	事業内容	団体数	構成比
任意団体	1,242	76.1	施設整備事業民間施設の管理運営事業	5	1.9
非認定NPO	223	13.7	公共公益設備の活用・管理運営事業	76	29.1
一般財団法人	3	0.2	民間施設の管理運営事業	84	32.2
特例財団法人	13	0.8	地域交通サービス関連事業	9	3.4
一般社団法人	5	0.3	店舗運営事業（直営）	64	24.5
特例社団法人	6	0.4	イベント企画・運営事業	83	31.8
株式会社	134	8.2	情報発信・提供・広告事業	57	21.8
有限会社	2	0.1	人材育成・中間支援事業	27	10.3
合同会社	3	0.2	地域まちづくり・まちづくり関連事業	44	16.9
			その他事業	6	2.3
合計	1,631	100	合計	261	

資料　国土交通省『まちづくりにおける官民連携実態調査』（平成22年度）

III 「拠点開発」構想への政策評価

の発注もうけ，事業経営の規模拡大・高次機能育成をめざして，地域社会の主要団体としての成長が期待される。

しかし，地方都市では受注事業高は少なく，民間会社の関連企業か，地域連合団体のシンクタンクとか経営形態をとることになる。自治体が政策的にサービス団体もふくめて，これら団体を，政策的に支援する意向を固める必要がある。

人口10万人前後の都市人口・財政状況

第5の課題として，中小都市の人口・財政をみると，「定住圏構想」として制度発足時の平成21年度の中心市宣言をした市のうち，県庁所在市を除外し，比較的大規模の人口10万人前後の都市人口・財政状況（**表26・27参照**）をみてみる。

人口状況は，第1に，若年女性人口減少率は，農村町村のように80％台という極端な高い減少率はみられないが，30％台と60％台では，将来人口に

表26 定住自立圏都市の人口変動の状況 （単位：人，％）

市町村	若年女性 2010→2040	総人口 推計 2040	台帳 2009	台帳 2014	14/09	13年人口変動 自然人口	社会人口	人口増減	生産年齢増減 14/09
北海道北見市	-56.2	85,985	125,977	123,074	-2.3	-562	-576	-1,138	-6.3
岩手県花巻市	-47.0	68,692	103,822	100,427	-3.3	-612	-130	-482	-6.4
秋田県横手市	-56.0	51,943	102,322	97,004	-5.2	-875	-652	-1,527	-7.5
宮城県石巻市	-52.8	102,441	165,099	150,267	-9.0	-621	-510	-1,131	-10.5
山形県酒田市	-57.5	64,485	113,952	108,857	-4.5	-829	-521	-1,350	-6.9
群馬県桐生市	-57.6	72,834	125,062	118,561	-5.2	-1,024	-556	-1,580	-14.0
石川県小松市	-36.6	85,483	109,213	107,705	-1.4	-185	-129	-314	-5.6
長野県飯田市	-43.9	74,577	106,024	103,510	-2.4	-381	-224	-605	-4.8
鳥取県米子市	-41.0	116,142	148,873	149,179	0.2	-150	76	-74	-3.4
岡山県津山市	-49.0	73,674	108,169	104,814	-3.1	-423	-564	-987	-6.2
香川県丸亀市	-33.8	92,344	111,963	112,077	0.1	-179	-98	-277	-3.5
佐賀県唐津市	-43.8	88,947	131,737	128,219	-2.7	-482	-585	-1,067	-5.3
大分県別府市	-36.6	96,459	121,118	117,955	-2.6	-604	-541	1,145	-7.4
宮崎県延岡市	-46.5	90,459	134,428	130,560	-2.9	-474	-605	1,079	-5.9

資料 若年女性増減率は，増田寛也「ストップ『人口急減社会』」『中央公論』(2014.6) 32頁，その他は東洋経済新報社『地域経済総覧』

大きく影響がみられる。ただ北海道・東北などの中小都市は，花巻市以外は50％をこえており，いわゆる「消滅可能性都市」である。

第2に，台帳人口状況をみると，米子・丸亀市といった古くからの都市で，人口増加がみられるが，周辺農村部という後背地域にめぐまれているからであろう。ただ東北の横手・酒田市の人口減少が目立つが，北海道・東北など圏域全体として，地域経済力の衰退が影響している。

第3に，2040年の将来人口と2009年の台帳人口との差は，北見市0.68倍，酒田市0.57倍，横手市0.51倍で半減する。米子市0.78倍，丸亀市0.82倍と，人口減少率は小さい。このような人口減少の危機のもとで，社会人口減が500人をこえる状況は，当該都市にとって身をきられる思いであろう。

第4に，生産労働人口をみると，すべてマイナスであり，町村とことなり，都市に寄生して人口増加をきたすのでなく，独立型の経済圏を形成しており，地域構造としては外部環境は期待できないので，厳しい状況にある。

財政状況（**表27参照**）をみると，第1に，財政力指数は，地方中核都市と比

表27 定住自立圏都市の財政状況（2012年度） （単位；百万円，%）

区　分	市町村税	財政力指数	市町村税比率	交付税比率	国庫府県支出金率	投資的経費	実質公債費比率	積立金	地方債残高	将来負担比率
北海道北見市	13,999	0.44	21.5	29.8	17.3	10,222	14.1	12,724	84,397	112.8
岩手県花巻市	10,799	0.43	23.5	36.6	17.8	3,971	14.2	7,912	55,997	85.7
秋田県横手市	8,546	0.33	15.4	40.7	15.3	7,686	17.0	13,460	63,298	70.2
山形県酒田市	12,687	0.45	25.0	32.2	14.5	4,821	17.7	12,173	63,471	50.0
群馬県桐生市	13,567	0.56	30.1	24.5	18.9	3,086	11.5	6,645	40,023	48.9
石川県小松市	15,179	0.67	34.9	15.2	23.1	7,867	18.3	3,342	70,905	196.0
長野県飯田市	13,219	0.53	30.0	28.1	15.5	5,034	8.7	11,630	40,463	0.0
鳥取県米子市	17,977	0.65	31.1	17.5	21.4	4,761	19.8	4,129	63,393	161.7
岡山県津山市	12,908	0.53	27.7	27.1	19.6	7,102	14.2	8,113	54,998	133.9
香川県丸亀市	14,333	0.70	34.6	16.8	19.2	7,121	6.1	9,534	45,471	54.5
佐賀県唐津市	12,043	0.42	18.8	34.7	22.0	9,608	17.6	13,791	80,775	21.8
大分県別府市	13,827	0.57	30.9	19.3	29.7	3,151	3.2	10,827	32,446	0.0
宮崎県延岡市	13,709	0.45	24.0	29.4	22.0	7,745	10.4	15,674	64,993	69.7

資料　総務省『地方財政白書』

較して低いが，0.50前後とそれなりに高い水準である。極端な富裕・貧困団体はなく，バランスのとれた状況にある。

　第2に，市税・交付税比率がみると，市税比率は25％前後で，横手・唐津市が10％と低い水準である。もっとも交付税比率は，横手市40.7％，唐津市34.0％と高水準で，交付税補填機能が強力で，財源的ハンディはなくなっている。

　第3に，北見市は，投資的経費・公債比率・地方債残高・将来負担比率とすべてが，悪い数値であり，財政状況は重症である。ことに小松市のように財政力が高水準であるにもかかわらず公債比率・将来負担比率が高いのは問題である。財政運営の健全化の目途としては，実質公債比率10％，将来負担比率50％前後ではなかろうか。

　第4に，地方中核都市と比較で，市税・交付税・国庫府県支出金比率をみると，財政力指数は低いが，交付税補填で格差はなくが，国庫府県支出金比率は，地方中核都市と差がない。都市間で差がり，旭川・函館市と北見・花巻市では，前者がかなり高いが，別府・延岡市は高水準である。

　高度成長期，生活基盤を後回しにして，産業基盤（道路）を優先してきたが，経済環境が厳しくなり，人口増加策が緊急課題となると，今度も生活基盤より産業施策を優先せざるをえない。人口が減少すれば，折角の生活基盤も無駄となり，さらに維持運営だけでなく，建設費償還負担も過重される。

　ただ地域再生基盤強化補助などで，どの事業を選択するか，誤謬の選択をすれば，さらなる悪化となり，自治体の経営センスが試される。どこの地域でも道路・施設はかなり立派であるが，人口はまばらであり，地域戦略の変革が求められ，ソフト事業の重視となる。

注

(1) 朝日新聞 2014.12.5 参照。(2) 朝日新聞 2014.11.28 参照。
(3)「縮小都市」は，欧米では一般的に「『縮小』を必ずしも否定的に捉えていない。人口が減る時代には，都市構造を環境負荷の軽減につなげるチャンスと考えることがで

きるし，そもそも人口の減少は都市人口1人当たりの所得のマイナスと同義ではない。………既存の都市資源を再編，再利用することを通して環境負荷を軽減する方向で『都市規模を創造的に縮小する』道である」（矢作弘；研究レポート「人口減少時代の『地方都市の「かたち」』を考える」38 頁．以下，矢作・前掲「地方都市」）と紹介されている。しかし，日本では多くの場合，若者流出，高齢化で，人口減少は地域所得水準の低下となっている。

(4) 同前 12 頁．(5) 同前 39 頁参照．(6) 同前 40 頁参照．(7) 同前 41 頁
(8) アメリカの中西部工業地帯における製造業復活については，朝日新聞 2014.12.7 参照．
(9) もっとも定住自立圏構想について，中心都市主導であり，「周辺市町村に対しては，わずかに環境や伝統の保持といった副次的，補完的役割が与えられているに過ぎない。また，周辺市町村の主たる産業として位置付けられている農業に関しても，農業それ自体の維持存続というよりは，大都市流通業の視点からの農作物の活用に施策の重点が置かれているなど，総じて周辺市町村それ自体の自立性については考慮されていない」（松谷・前掲「地方再生学」140 頁）と批判されている。
(10) 特別交付税で，包括的財政措置（中心市 4,000 万円程度，周辺市町村 1,000 万円），外部人材の活用（3年間，700万円上限），地域医療（措置率8割，800万円上限）など財政措置がある。人材派遣（平成 24 年 6 市，平成 25 年度 6 市予定）では，大都市圏企業の若手社員を異業種 2 人 1 組で，1 ～ 3 年間派遣（1 人当り 350 万円上限に特別交付税で支援），推進調査費として横断的な先進事例を導入するため予算措置（平成 25 年度 1.4 億円）がなされている。特別交付税で，包括的財政措置（中心市 4,000 万円程度，周辺市町村 1,000 万円），外部人材の活用（3年間，700万円上限），地域医療（措置率8割，800万円上限）など財政措置がある。人材派遣（平成 24 年 6 市，平成 25 年度 6 市予定）では，大都市圏企業の若手社員を異業種 2 人 1 組で，1 ～ 3 年間派遣（1 人当り 350 万円上限に特別交付税で支援），推進調査費として横断的な先進事例を導入するため予算措置（平成 25 年度 1.4 億円）がなされている。
(11) 2009 年度定住自立圏等民間投資促進交付金は，第 1 次補正（550 億円），第 2 次補正（100 億円）があり，助成割合原則 40％（第 1 次），都道府県は，本交付金を財源として，民間事業者に助成する。事業実践は，第 1 次 192 圏域，約 1,320 事業，約 950 億円，第 2 次 82 圏域，206 事業，83 億円である。
(12)・(13) 前掲「政策投資銀行」報告書 54 頁．
(14) 具体的実施事業は，「工場跡地を活用したシネマコンプレックスの整備，空き店解消として店舗賃料の補助（1 年間）と店舗改装費支援である。跡地整備として大型店舗跡地に産業振興センター，病院跡地には国の合同庁舎誘致である。同前 54 頁．
(15) 同前 54 頁参照．(16) 同前 55 頁参照．
(17) 佐々木陽一編『元気なまちのスゴイしかけ』（PHP 研究所，2006 年）18 ～ 27 頁参照．(18) 同前 67 ～ 74 頁．

Ⅲ 「拠点開発」構想への政策評価

3 「地方中核都市」構想への争点

　地方中核都市構想が，すぐれたビジョン・戦略であるにしても，日本の経済環境は厳しく，多くの中小都市が窮地に立たされている。「地域拠点都市」のモデルとされた，浜松市でも低迷がみられ，モデル方式に暗雲をなげかけている。

モデル方式に暗雲
　浜松市は，支店経済の比率がすくなく，グローバル企業を重要産業とする，自立的発展都市とみなされていただけに，そのショックは大きい。
　第1に，浜松市は2013年，社会人口減に陥った。原因は「これまで地域経済を支えてきた，輸送用機械（自動車・二輪）や電気機械等の工場の閉鎖，撤退が相次ぎ，若年層の域外流出が加速したからである」[1]といわれている。
　第2に，2005年に平成の大合併として，周辺11市町村を合併し，面積1,511 k㎡と，全国2位の大規模市となったが，農村部人口減のみでなく，旧市域の人口減も目立った。
　13年の社会人口は，農村部（天竜）-367人であるが，都市部も-346人で，合計-713人となっている。自然人口も農村部-433人，都市部-115人で，合計-548人となっている。もっとも住民台帳人口は，06年78万6,776人，14年79万959人で，4,183人の増加あるが，近年の人口減少トレンドが定着するのではないかと憂慮されている。
　第3に，財政的にも町村合併は，浜松市の体力低下となった。合併前の04年度と合併後の05年度をみると，市税構成比54.4％から48.8％へ，財政力指数も0.92から0.84へと低下している。
　ただ合併後の市税総額は05年度1,231億円であったが，08年度1,369億円と増加したが，12年度1,245億円と下落している。法人税割は08年度

135.9億円が，12年度78.4億円と57.5億円減（42.2%減）と激減したのが響いている。

このような浜松市の実態は，「地方中核都市」構想の先取りで，行政効率は上昇したが，周辺町村の人口減少に拍車をかけた。町村職員・議員だけでなく，行政サービス関連事業者が減少していき，合併町村の「消滅地域」を，加速さす要因となった。

さらに中核市も，町村合併と工場縮小による市勢の減退であり，「消滅地域」だけでなく，大都市・中核市も，衰退危機に見舞われている事態となり，地方中枢都市も，攻めより防御となりつつある。

中核都市構想と現在の経済変化

中核都市構想は，地域振興策として，必ずしも現在の経済変化に即応したもでない。

第1に，都市機能の強化といっても，教育・医療・文化などの広域的サービス機能を，ふくめた総合的機能であるが，安倍政権が求める，アベノミクスなどの短期経済効果では創出は難しいのではないか。

もし短期的成果をめざすと，工業団地とか大学設置などへの施設誘致型の戦略選択となり，今日では公共投資一辺倒の戦略では成功しない。いずれにせよ「安倍政権の成長戦略と『地方創生』の政策整合性」[2] は疑問であり，「公共事業という麻酔薬で，その衰退効果を緩和させようとしている」[3] と批判されている。

さらに地域開発型の経済投資は，低成長で人口減少化の経済下では，成功の確率は乏しく，かえつて当該都市の独自の経済戦略を阻害することにもなりかねない。また「国家戦略特区のような規制緩和政策で，地方に新しい産業や雇用を創りだせるのか疑問である」[4] と批判されている。たしかに経済特区などは，大都市圏でより多く採用されており，地方中核都市の経済開発は，それだけ競争力をそがれることになる。

第2に，中核都市構想の戦略は，「集中と選択」であり，「集積と集約」であるが，要するに「地域集中型ネットワーク」であるが，「地域分散型ネットワー

III 「拠点開発」構想への政策評価

ク」を戦略要素として，地方創生をめざすべきと批判されている。

　この点について，「安倍政権は20世紀の『集中メインフレーム型』の発想から抜け出せないでいる。そうであるかぎり，安倍政権の『地方創生』は，地方に産業と雇用を創り出すことはできない」(5)と，政策方向の間違が指摘されている。

　たとえばエネルギー問題にしても，水力・火力発電であれ，原子力発電であれ，集中的にエネルギーを発電するシステムに対して，自然再生エネルギーは，はるかに「地方創成」型である。実際，地域おこしでは，再生エネルギーによる地域循環型のシステム，さらには環境経済による利益創出をも目論んでいる地域がかなりある。

　地方創生という視点からみれば，原発の「拠点開発」方式より，再生エネルギー方式は，はるかに地域社会への経済活性化へ寄与する。地域で出資し，地域で企業化し，地域で消費し，地域で収益をあげていく方式は，地域経済の自立に寄与し，地域民主主義を育成する。必然的に地方分散型であり，限界集落もふくめて，すべての地域社会が，参加できるベストの事業である。(6)

　ネットワーク化といっても，分散型ネットワークで，周辺市町村で，地場産業の再生を図っていき，そのエネルギーで中核都市を強化する，地域還元型ネットワークであり，政府施策の逆転の発想である。

　中心都市が機能強化して，周辺地域の機能を吸収する，集積型ネットワークでは，地域全体が衰退してしまう。中心都市のスーパーが拡充され，周辺地域の小売機能が閉鎖されるような機能連携であってはならない。地域社会が，政府支援・市民出資を巻き込みながら，地域社会が主導的役割をもち，機能強化を成功させ，市民事業の連携化が，理想的スタイルである。

　第3に，地域経済が直面する課題は，重化学産業の撤退，ハイテク企業の工場閉鎖，再開発ビルの破綻など，高度成長期の地域戦略の崩壊である。かつて「生産性・効率性」優先で成長企業が，地域社会の牽引車となってきたが，戦前はともかく，戦後の高度成長期の誘致企業は，地域経済との関連が希薄であり，持続発展という視点からみて，多くを期待できない，企業立地であった。

　企業撤退に見舞われた，地域社会は，自力で新産業創出を余儀なくされたが，

結局，地元中小企業を頼りとすることになる。持続的発展のためには，中小企業をはじめとする，地元企業・団体の「地域内再投資力」(岡田知弘)を，改めて評価し強化する政策へと転換しなければならない。[7]

さいわい金融緩和もあり中小企業対策・融資(**表28参照**)はかなり充実しているので，地元企業・団体が如何にして，地域経済をささえる企業に成長してくれるかが，自治体にとって未開拓の分野への挑戦となる。

第4に，地方中核都市をささえる，もっとも有効な戦略は，グローバル企業の創生であり，全国的企業の立地である。具体的施策としては，グローバル・ハイテク企業型であり，地方都市でも，多くのグローバル企業が存在する。兵庫県でみても，姫路市のグローリー(従業員5,500人)，西宮市の古野電気(従業員42,500人)などである。

これら企業が特定の政策によって，誕生するとは考えられず，特定個人の起業努力の成果物で，人為的奨励策で誕生するものでない。したがって自治体などが，民間の起業化を，失敗を覚悟で投資し，リスクをとる戦略は，公的機関として採用できない。地道な中小企業対策を積み重ね，企業サイドのベンチャー行為に期待するしか選択肢はない。

たとえば長野県飯田市にみられるように，ある程度の実績のあるベンチャー企業を支援し，より競争力のある企業群とする開発形態の形成はすぐれた方式といえる。[8]

実際，都市自治体にしても，正直なところ大手企業におんぶにだっこという状況であった。今後は自治体が，改めて企業と地域社会の関係をみつめて，産・官・学の連携などを手がかりに，地域再生への方策を模索するしかない。

表28 中小企業対策費の状況

中小企業対策(億円)				日本政策金融公庫(兆円)			
区分	25年度	26年度	27年度要求	区分	25年度	26年度	27年度要求
政府全体	1,811	1,853	2,416	中小企業事業分	1.95	2.60	2.30
うち経産省計上	1,071	1,111	1,295	国民生活事業分	2.22	2.75	2.65

資料　平成27年度中小企業・小規模事業者政策の概要

第5に，低成長・人口減少下での地域経済の選択は，ますます困難となりつつある。「脱成長論・政策」だけでは，地方創生はできない。「地域において若者の雇用を創出する具体的ビジョン」[9] である。原発でも病院でも，雇用は発生するが，地域社会が何を選択するかである。

　原発立地による原発交付金は巨額であり，雇用もそれなりにふえるが，リスクが高い選択となり，病院とか福祉施設は，リスクは低いが，下手をすると，行政コスト増加の誘因となりかねない。

　結果的に無難なのは観光開発とか企業誘致となるが，競争がはげしく，都市自治体の経営能力が試される。今日の地方行政は，次第に福祉・農業・観光など経営要素が重要になりつつあり，自治体の経営能力が，地域社会の将来を左右しかねないのである。

　第7に，「集約的都市構造化戦略」が，成功するのかである。すでに都市再生特別措置法（2014年5月）が改正され，戦略的地区の設定，事業化のための優遇・支援措置が定められている。

　富山市の公共交通による「コンパクトシティ」形成などが成功事例として，大きな期待が寄せられている。しかし，高度成長期なら都市機能再編成は，大きな吸引効果を発揮するが，低成長の今日では効果は限定的である。

　しかも公共施設の建設・移転・更新などは，巨額の財源・資本が不可欠であり，「機能集約型都市」の資本負担に方中核都市が，耐えられるかである。また都市整備は，長期かつ巨額の戦略となり，人口減少の変化に対応できないのではないか。

　第8に，地方中核都市構想は，「選択と集中」であるが，地域的にみて疑問である。たとえば兵庫県でみると，まず姫路市への集中投資であるが，同規模の中核市としては尼崎市があり，大都市圏都市であるが，人口減少に見舞われている。ダム機能であれば，神戸市が姫路市より対抗力があり，投資環境も優れている。

　また北部の篠山・丹波・豊岡市などは放置され，「選択と集中」では地方中核都市が優先されるシステムである。そのため小規模都市は，「平成の大合併」

で大きく犠牲をはらっているが,「地方創生」でも見捨てられることになる。小都市もダム機能はあり,すべての都市の人口定着・吸引機能を活用すべきで,投資効果も決して小さくはない。

　さらに政治・行政的問題である。従来の中央統制システムは府県経由方式であり,中小都市・過疎地域などは,府県の広域補完機能で,地域経済の拡充を図っていくのが,ベターな選択である。

　これらの指摘からみて,地方中核都市のダム機能は,東京圏の流入人口を阻止するだの防止機能は不十分であり,都市連携を図っていくにしても,都市機能の集約化はおおきくは進展しない。さらに中核都市をめぐる経済環境は厳しく,人口吸収能力の拡大は大きくは期待できないといえる。

注

（1）岡田・前掲「地方都市衰退」70頁。
（2）〜（5）金子・前掲「地方切捨て」75頁。
（6）この点について,「『地域分散ネットワーク型』のエネルギーシステムは,地域の中小企業・農業者・市民が出資し,自からの地域資源を活かして,どのような再生可能エネルギーに投資するかを自ら決定する,エネルギー地域民主主義を生み出す。そして,地域に返ってくる売電収入は国からもらう補助金でなく,地域経済の自立をもたらす」(同前78頁) と説明されている。
（7）地域再生産型経済について,「ある地域の経済や社会が持続的に発展するということは,その地域の経済主体の圧倒的部分を占め中小企業や農家,協同組合,そして自治体が毎年繰り返し一定量の再投資を行ない,地域内での雇用や所得,税収,そして生活,景観,国土が再生産されることを意味する。その量的質的な力を地域内再投資力と呼ぶ」(岡田・前掲「地域都市衰退」72頁) といわれている。
（8）政策投資銀行の報告書は,「エアロスペース飯田」(長野県飯田市) を紹介しているが,2006年の創業で,注目されるのは,参加企業各社が得意とする技術を結集させ,共同受注体制を確立させている。要するに連携による高付加価値化に成功しているが,興味がそそられるのは連携への仕掛け人であり,そのプロセスである。また(株)ニトリホールディングス(家具インテリア：札幌市)があげられている。日本政策投資銀行報告書45頁参照。
（9）金子・前掲「地方切捨て」80頁。

Ⅳ　地域開発の系譜と地方創生策の形成

1 戦後地域開発と東京一極集中

分散型国土デザインで,巨額の公的財源を投入したが,東京一極集中の猛威は今日もつづき,地域社会は人口減少になやまされている。どうしてこのような状況が,阻止できないのか,改めて戦後の人口政策・地域施策を検証しなければならない。

創成報告書の国土デザインは,全総方式の「拠点開発構想」と,類似の中核都市構想であるが,なぜ全総が均衡ある国土形成に,失敗したのかの検証は乏しい。

戦後地域開発の系譜

第1の論点として,戦後地域開発の系譜(**表29参照**)をみると,戦前国土計画の遺伝子をうけついで,開発優先・拠点方式をベースにして展開された。1962年に策定された,全国総合開発計画は,国土計画の原型といわれ,事実,第2次,第3次,第4次全国総合開発計画とつづいている。開発拠点を設定し,財政支援で公共投資を集中投入するシステムであった。[1]

第1に,第1次全総は,「所得倍増計画」の達成手段として利用された。開

表29 全国総合開発計画の比較

区　分	全国総合開発計画（一全総）	新全国総合開発計画（二全総）	第3次全国総合開発計画（三全総）	第4次全国総合開発計画（四全総）	21世紀の国土グランドデザイン（五全総）
閣議決定	1962年10月	1969年5月	1977年11月	1987年6月	1998年3月
策定時の内閣	池田内閣	佐藤内閣	福田内閣	中曽根内閣	橋本内閣
基本目標	地域間の均衡ある発展	豊かな環境の創造	人間居住の総合的環境の整備	多極分散型国土の構築	多軸型国土造形の基盤づくり
開発方式	拠点開発構想	大規模プロジェクト	定住圏構想	交流ネットワーク	参加と連携

資料　本間義人『国土計画をかえる』140頁。

Ⅳ　地域開発の系譜と地域創生策の形成

発方式としては,「東京などの既成大集積と関連させつつ開発拠点を配置し,交通通信施設により連絡させ相互に影響させる,連鎖的に開発をすすめ,均衡ある発展をはかる」[2]と説明されているが,首都圏への集中・集積をお膳立てした。

第2に,第2次全総は,「日本列島改造論」(1972)が牽引車となり,大規模工業基地の設置をめざした。「新幹線,高速道路などのネットワークを整備し,大規模プロジェクトを推進することにより,国土利用の偏在を是正し,過密・過疎,地域格差を解消する」[3]と説明されている。しかし,過密・過疎,地域格差が,解消しなかっただけでなく,公害問題が全国で発生した。

第3に,第3次全総は,定住圏構想(「田園都市構想」1980)とテクノポリスが,主導要素であった。大型プロジェクトによる,コンビナート方式の弊害は,公害などのマイナスが余りにも大きく,一方,大規模工業方式の雇用効果は,予想より小さかった。

大都市圏の経済成長への不満が,地方で蓄積されていった。そのため定住圏構想は,地方都市の生活環境の豊かさが賛美され,大都市圏の非人間的生活を浮き彫りすることで,地方こそユートピアとの幻想をばらまき,地方の不満の鎮静化を画策した。[4]

第4に,第4次全総は,多極分散型国土形成と民活・リゾート方式が,戦略要素となった。その背景には円安の影響で,製造業の海外流出がつづき,地方の空洞化がつづいた。そのため地域の特性を生かした地域整備,国・地方の多様な交流,地方,民間諸団体の連携などの形成促進が目標とされ,今日の創成報告書の原型が提唱されている。

工業立地が起爆剤なる成長戦略が挫折し,「国土デザイン」の構想は,現実から大きく遊離し,体裁をなさなくなった。そのため都市機能の連携とか,都市・農村の交流とか,国土デザインでなく,都市活動の高次化という,いわば粉飾決算のようなデザインと化していった。

都市と農村との交流にしても,都市の活力の農村への導入であり,農村資源の都市への拠出であり,農村独自の存在価値とか,都市と農村の相互依存・交

流といった，共生関係ではなかった。

　第5に，第5次全総は，国土軸と連携軸を形成し，参加と連携で国土再編成をめざす計画ともいえる。「①多自然居住地域（小都市，農山漁村，中山間地域など）の創造②大都市のリノベーション（大都市空間の修復，更新，有効活用）③地域連携軸（軸状に連なる地域連携のまとまり）の展開④広域構想交流圏の形成」[5]と説明されている。

全総の均衡ある国土形成はなぜ失敗したのか

　第2の論点として，全総の均衡ある国土形成はなぜ失敗したのか。全総以来の地域開発における欠点は，是正されたかである。今日でも政府主導の国土デザイン・地域開発戦略の発想・体質が，払拭された事実はない。

　第1に，東京一極集中，大都市への集積がすすみ，分散政策の失敗が明確となっても，大都市抑制は採用されず，地方都市の開発推進・財政優遇が提唱され，その理想像として田園都市が提唱されていった。[6]

　「田園都市構想」は，「日本の国土の全域に分布する大小無数の都市の星座と農山漁村のネットワーク全体の再編成を通じて，活力ある多様な地域社会を蘇らせること」[7]をめざしたが，構想の意図は，地方不満への鎮静剤としての効用だけであった。

　第2に，政策的にみて，経済成長を犠牲にする施策が採用されることはなかった。政府の誘導施策は，不徹底で首都圏での千葉，近畿圏での堺などで，コンビナートが建設され，新産業都市の半数は，そのため挫折という悲劇をうんでいる。

　財政的にみると，大都市に集積する企業に対して，集積の利益に対応する十分な賦課を課せなかった。しかも公経済は，大都市の財源を政府が吸収し，地方へばらまいたので，大都市では民間資本の過剰，地方では公共資本の過剰という歪な状況となった。このような費用負担は，東京圏への企業集積をますます加速させていった。

　国家資源の活用手段として，国土だけでなく，空気・水・都市空間（高架高

速道路）などすべての経済戦略資源が，経済成長のため動員された。過密・公害が発生すると，「田園都市構想」とかが提唱され，国民の不満を緩和させていった。

第3に，一連の全総は，国土デザインとしては，地域社会の成長への構図を描いたが，現実は地方都市の成熟などはみられなかった。それだけでなく，地域社会は，新産業都市・テクノポリス・リゾート構想などに幻惑され，政府の公共投資誘導策に翻弄された。

たとえばハイテク都市への飛躍をねらたが，企業用地の造成に過ぎなかった。すなわち地方大学と連携して，ハイテク企業を創業するといった，アメリカのシリコンバレーのような図式ではなかった。地方都市のベンチャー企業創業能力は，脆弱であり，中央大企業の生産拠点があるだけであった。

地方は経済成長の手段として利用された。戦後，最初の地域総合開発にしても，多目的ダムを建設し，当該地域の産業復興を図っていくことをめざしたが，結局，ダムはできたが，大都市圏の電力不足を補填するだけであった。アメリカのTVD（テネシー河流域開発）と比較しても，地域社会への貢献度は，低いものであった。

第4に，経済成長が鈍化し，地方都市の工場が閉鎖され，経済のグローバル化で，製造業の海外移転がすすむと，国土グランドデザインも，どう描くかはますます困難となった。

疲弊する地域に対して，体力を強化し，体調を保持する療法でなく，公共投資という抗生物質をやたらと注射していった。

そのため人口という体力を喪失した，縮小消滅地域の惨状に直面し，従来の治療方式を転換して，地域の経済力，成長力という，"地域の力"を涵養するための連携・交流など，グランドデザインは変貌していった。

しかし，成長主義の意識の強い中央省庁は，有効な地域社会の経済力を培養する，戦略を描くことができず，やっぱり政府財政支援という，栄養ドリンクを多用していった。結果的には地域経済のシステムなどの変革は乏しく，国土デザインの開発誘導機能も，衰退していった。[8]

第4に，公共投資偏重，中央主導振興，予算消化優先という，開発方式のDNAは払拭されたとはいえない。東京ではたしかに効率的な企業・研究活動が行われているが，地方都市で膨大な民間・公共資本の廃棄物化と非効率的利用がすすんでいる。

地方ローカル線をみると，輸送力の 100 分の 1 しか利用されていない。国土全体としてみれば，決して効率的利用ではない。国土全体としては非効率な社会資本の利用率である。

その背景には，全総計画は，東京一極集中のエネルギーを過少評価した。そのため東京一極への集積力が強力に稼動し，地方分散政策を形骸化・空洞化していったからである。

結果として首都圏における人口比率は，政治・経済機能が分離していない，イギリス・ロンドン，フランス・パリですら 15％ であるが，東京は 30％ である。このような集積度の高い数値となったのは，第 2 次産業を分散しても，第 3 次産業の集積が，企業だけでなく，大学・研究機関も，東京圏へ集中したためである。

「国土グランドデザイン」をみてみる

第 3 のの論点として，「国土グランドデザイン」をみてみる。東京一極集中のメカニズムの動きを，阻止する対抗策を提示しなければ，政策としての価値はない。

第 1 に，実際の国土計画は，公共施策・公共投資は，分散型であるが，民間戦略・投資は，収益性から東京一極集中である。結果として地方では公共投資が過剰となり，大都市では公共投資は，民間投資の後塵を拝し，過密都市化していった。

民間の都市集積の利益を，都市自治体が，吸収するシステムが形成されなければ，大都市の生活環境が悪化し，出生率低下の要因となるだけでなく，大都市への企業集積が進み，人口流入はやまなかった。大都圏では革新自治体主導で，企業負担を約 2 割の超過課税で吸収したが，政府の地方税法改正で，1 割に抑制されてしまった。

現実は大都市の集積利益を，国家が収奪し，地方へ散布するシステムは，格差是正策であるが，公共投資だけ格差是正しても，民間企業の大都市圏への集積のエネルギーが，衰えることはなかった。

しかも地方へ還元された，大都市の財源は，ほとんど公共投資で，産業基盤整備に充当され，地域経済の自力能力を培養することはなかった。

大都市は「豊富の中の貧困」に喘ぎ，市民生活は，企業の収奪と国家の収奪の犠牲で悪化し，大都市財政は疲弊していった。人口問題にしても，大都市で人口増加すれば，地方からの人口供給に依存する必要はないが，大都市の財政力では，生活環境とか子育て支援が十分にできず，出生率低下となっている。

第2に，東京一極集中のメカニズムと，同様の価値観では，地方は有効な対応力を培養できない。たとえば地域は企業利益追求の生産空間でなく，生活利益追求の生活空間であるという理論で，雇用・所得をうむ経済システムを創出しなければならない。

しかし，そのような都合のよい経済システムは，雇用・所得創出力は小さかった。そのため結局，雇用・所得にひかれて，人は大都市圏へ移動する。このような地方の劣勢を挽回するため，内発的地域振興による地域循環型経済などの拡大・普及が迫られたが，ベンチャー企業の誕生には，インキュベーター（孵卵器）で長期の支援が必要で，即戦力にはならない。

しかし，「消滅地域」であれ，「縮小都市」であれ，雇用の場と所得の水準を確保することは，至難の業であり，東京とイコールフッティングでは勝負にならない。従来の国土デザインは，物理的に生産基地の配置を，描いているだけに過ぎなかった。

即効的施策としては，政府が公経済メカニズムを駆使し，東京圏への賦課金を強化し，地方へ立地を支援する財源として活用する。それは公共投資でなく，文化・教育といったソフトの支援である。ことに資金援助によるベンチャー企業誕生への環境を，整備する戦略などが有効となる。

一方，地域社会は，市場メカニズムに対抗するため，地域循環の経済・環境保全の経済・贈与（愛）の経済・市民参加の経済など，地域が市場メカニズム

に脅かされにくい,少ない地域経済力を地域循環システムで,持続性存続に給与する経済システムを,構築していなければならない。

しかし,これら地域経済システムは,戦略・戦術的には市場メカニズムを活用して,収益性を確保し,持続性を維持しなければ,地域社会に雇用も所得ももたらすことができない。大企業の大量生産方式でなく,多品種小量生産で,国際競争力のあるグローバル企業が起業化し,成熟していける土壌培養が,戦略ポイントとなった。

農業では大規模農業でなく,小規模農業での高品質農産物,漁業では遠洋漁業でなく,養殖漁業などである。さらに地域生産物の6次産業化による,地域経済の高収益化であり,地域所得の拡大である。

地域社会は,長期にわたり公共投資という,麻薬の作用によって,自立的精神がおかされ,独立的気概を萎縮していた。しかし,公共投資型地域開発の退潮にかわって,地域循環経済・内発的地域振興など,独自の地域経済復権の実践によって,"地域の力"を回復しなければならない。[9]

産業構造の立地メカニズム

第4の論点として,「産業構造の立地メカニズム」をみてみる。産業構造は,3次産業化の比率が高まると,東京一極集中となるのは自明の事実である。地域開発で,地方へ工場を分散しても,分散工場を上回って,3次産業が首都圏へと集積しているのが,一極集中の産業構造である。

第1に,3次産業は,用地・資源の制約がすくなく,情報をもとめて集積するので,どうしても一極集中となる。外国人観光客の増加も,三大都市圏に集中している。地方都市へ呼び込む創意工夫が必要である。

第2に,経済集中を容易にしているのが,政治メカニズムである。許認可などで東京優位の状況をつくりだしている。アメリカはニューヨークの大企業本社は4分の1に過ぎないが,日本では4分の3ちかくになる。

原因は中央政府の許認可行政が,大企業を引き寄せ,結果として集積利益の相乗効果が発生し,首都圏優位の経済環境をつくりだしているた。しかし,集

積の利益は，企業が享受し，過密の弊害は，市民に転嫁されている。

　日本の企業は，このいびつな経済・生活のギャップという利益を享受しており，その分は，租税負担の強化などで，吐き出させるべきである。この集積の利益が，都市圏にある以上，企業の集積が増殖され，結果として人口も増加していくメカニズムが衰えることはない。

　第3に，東京一極集中は，戦前・戦後をつうじての趨勢であり，戦災で一時，人口減少に転じたが，以後，増加に転じ，東京都だけでなく，神奈川・千葉・埼玉県など，周辺をふくめた首都圏の人口増加はすさまじい。道府県別人口動向をみてもはっきりとみられる。

　従来の地域戦略では防げない，あらたなる地域創生の開発手法・戦略が求められた。宮本憲一の「内発的地域振興」とか，岡田知弘の「地域内再投資力方策」とか，地域循環経済とか，農業の6次産業化など，さまざまの変革の思想・戦術が実践されている。

　大企業を牽引車とする経済成長戦略より，地方経済では，無数の中小企業・NPO団体・自治体などによる地域再生であり，そこからグローバル企業・団体が誕生し，地域を存続させ，住民を豊かにし，国家経済の国際競争すら強化する図式が描けるのである。

　第4に，「縮小都市」・「消滅町村」での経済は，欲望（利益追求）の経済に対する，愛（贈与）の経済が浸透し，生活水準が低くとも，福祉が充実し，失業とか環境破壊のない経済システムである。相続税として国家に納税するより，地域財団を設立し，地域社会の安定化・活性化をもたらす，租税の地域循環システムをつくだす，経済方策をすすめるべきである。

　しかも国家財政は，そのぶん福祉財政の負担が軽減され，地方財政への財源補填も軽減される。一国二経済システムではないが，全国・全国民が，おなじ経済行動・システムをめざす必要はなく，異質の経済システムをもつ方が，安定性があり活力ある国家・経済ができる。

人口集中のメカニズム

　第5の論点は,「人口集中のメカニズム」をみると,東京一極集中となる。地方分権といった行財政問題に関係なく,政府は国土全体のグランドデザインをえがくが,経済成長を追求すれば,規模の利益・集積の利益から,東京一極集中となる。

　第1に,人口も職業を求めて移動するので,大都市圏へ,ことに東京一極集中となる。故郷への愛着があっても,生活の糧を得るため,人口流出がつづく。

　産業・国土・人口の東京一極集中は,強力な磁気力となって作用している。また行財政・政治の中央優位メカニズムが加わり,さらに企業もより大きな集積の利益をもとめて,東京一極集中となる。

　比較的移動が容易な若年層が,地域から流出するので,地方にとっては大きな痛手である。人口減少は,労働人口の流出であり,少子化・高齢化の同時進行である。

　東京一極集中は,市民生活からみると,生活環境は悪いが,一方,企業の利益追求のみでなく,市民にとっても,自己実現の場として有利な場であり,集中がつづくのである。

　第2に,地方中核都市でも,独自性が希薄であると,より大きな発展をもとめて,企業・個人も東京一極集中になびくことになる。その点,観光産業・1次産業などは,地域経済密着型で移動しない。

　第2次産業は,内部・外部環境の変化で,工場閉鎖とか工場移転が実施され,企業城下町などは大打撃を被る。ただ地場産業は,地域との関係が深く,地域と命運をともにする。たとえば日本酒の灘五郷などは,ブランド化しており,地域も企業も相互依存関係で運命共同体といえる。

　第3に,人口の絶対数が減少すると,ますます地方都市は不利となる。地方都市は,雇用・自己実現の機会が乏しく,人々は高い所得,魅力的機会を求めて,東京への流出がつづく。

　すなわち東京一極集中は,製造・金融だけでなく,大学という教育産業も4

割が集積している。おなじ授業料であれば,就職に有利な東京圏の大学となる。しかし,政府は教育産業の東京一極集中について,なんらの抑制もしなかった。大学助成金の傾斜配分をするなど,地方大学振興策を実施しなかった。企業と同様で,有利な条件を享受する者は,それにふさわしい社会的費用を負担すべきである。

第4に,人口移動を,国土デザインからみると,戦後の国土構造は,まず全国的には東京一極集中,広域経済圏では中心都市への一極集中で,札幌・仙台・名古屋・大阪・広島・福岡への人口・企業の集積・集中である。

北海道の地域構造の変化をみても,札幌市の1人勝ちで,その他地域の疲弊が厳しい,日本国土デザインの縮図であるが,広域経済はいずこも同じで,東北では仙台市,九州では福岡市の成長がいちじるしい。

ついで地域経済圏では,例外があるが,府県庁所在都市への一極集中である。さらに地方経済圏では中心市への人口・企業の集中集積である。過疎・限界集落は,これらの中心都市への人口供給源であり,急速な人口減少となった。

北海道では帯広だけが,農業経済であり,札幌への吸収力から独立している。地域社会において,生産・観光・教育・医療など,地域固有の産業として育成が急がれる。東京と類似では,最終的には東京一極集中のメカニズムに侵されてしまう。

極論すれば,原発は東京一極集中に侵蝕されないが,地域経済システムとして組み込み,原発交付金を地域経済の再生・成熟に活用したかというと,残念ながら失敗している。[10]

財政メカニズムの分散機能

第6の論点として,財政のメカニズムが,私経済の集中のメカニズムに対抗して,分散のメカニズムとして稼動することによって,国土の均衡ある発展をもたらさなければならない。

財政的にみれば,政府は大都市圏から,財源調整によって獲得した財源で,地方への財源還流を図っていたが,公共投資至上主義では,雇用効果は一時的

であり，東京一極集中は，食い止められなかった。

　第1に，第1次全総以来，公共投資をテコに地方分散を図っていった。そして第2次産業の生産機能は，たしかに地方分散には成功したが，第3次産業の地方分散は放置されていた。

　地方財政をみても，公共投資による基盤整備のため，本来の地域振興策は，お座なりであり，人口定着・流出防止の機能は，培養されなかった。そのため円高で第2産業が低迷すると，地方都市での雇用能力は激減していった。

　第2に，公共投資主導型の地域開発では，新産業都市の成功事例をみても，国庫補助金の優遇措置があっても，地方負担はおおきく，地方税収入も，交付税削減で帳消しとなる。

　結果として地域財政は，企業誘致の財政負担の後遺症に悩み，本来の教育・医療・文化などの施策は不十分となり，3次産業の誘致・集積も，貧弱な状況と化した。要するに企業奉仕型の都市基盤整備より，大学・医療・福祉・地場産業など，人口定着要素の確実な地域振興を軽視したつけが，今日の地方都市圏の苦境を招いたといえる。

　第3に，強力な財源調整で，1人当りの財政支出は，財政力が弱い地域ほど高くなっている。しかし，当該自治体の地域振興戦略が，お粗末であれば，投資が人口増加に連動しないだけでなく，政府財政支援が，ムダを誘発し，財政悪化の誘因と化している。

　個別自治体の財政分析をみても，貧困町村をふくめて，地方債残高が大きく，積立金が少なく，将来債務負担率が高という，ストック財政の悪化が深刻である。

　第4に，中央主導の財政は，政府施策への追随を，地方自治体にせまった。ことに問題は，交付税の補助金化である。本来，交付税は，標準的財政需要を充足する財源補填が，原則であるが，普通交付税の費目まで，補助金化すると，自治体が独自の地域振興策の展開ができない，財政システムが形成されていった。

　せめて交付税の主要項目は，地方六団体の合議で決定すべきである。すなわち調整財源は，戦前から内務省の財源でなく，地方団体の固有財源であると言明してきたからである。

Ⅳ　地域開発の系譜と地域創生策の形成

　さらに補助行政の裏負担財源としての，地方債に対する交付税補塡は，「財政力が弱く自力で償還できないとわかっていても，地方債で資金調達すれば後で政府が補塡して」[11]くれるという安易な財政運営が浸透し，自治体の財政規律におけるモラルハザードを培養していった。

　第 5 に，公経済として地方財政は，市場メカニズムの対抗力として，経済の地方分散メカニズムとして作用すべきであったが，政府の分散政策に誘導され，政府財政支援だけでなく，自己財源までも地域開発に注入して，市場メカニズムに飲み込まれてしまった。

　今日となっては，自治体は，人口定着のため，何がもっとも有効な投資・支出かを，自己判断し，最適の選択をしなければならない。補助金が悪いのでなく，補助金に幻惑され，施策選択において誤謬の選択を，なした自治体が悪いのである。

　限界集落をはじめ，多くの消滅地域での地方創生をみると，なんらの国庫補助がないままで，地域資源を活用した，起業化が行われ，雇用・所得をもたらしている。大分県姫島村の車海老，徳島県上勝村の葉っぱなど，地元と自治体が協力して，企業経営として軌道にのせている。改らためて政府財政支援のあり方が，問われる事例である。

注

(1) 歴代の全国総合開発計画をみると，「一全総では全国に新産業都市と工業整備特別地域をばらまいた。二全総では大規模工業基地を，三全総ではテクノポリスを，四全総ではリゾート地域をといった具合に，国土計画という親ガメにつねに子ガメである全国計画をともなわせる原形をつくった」（本間義人『国土計画を考える』17 頁，以下，本間・前掲「国土計画」）といわれている。
(2)・(3) 本間・前掲「国土計画」140 頁，表 10 から引用。
(4) この時期は安定成長期への転換期で，「定住圏構想」によって「生活地域としての地方の居住環境を高め，大都市への人口流出を食い止めて，農山村の過疎や大都市の過密問題を解決すること」（奥野・前掲「地域自立」43 頁）と，地方都市強化で大都市圏へのダム機能を期待したが，大都市圏への集積の歯止めにはならなかった。もともと「定住圏構想」は，机上演習の創作で，地域との関連づけができなかった。

(5) 本間・前掲「国土計画」140頁。
(6) 大平研究会の「田園都市構想」は，基本的な発想は，明治期，内務省地方局有志編纂『田園都市』(明治40年)の亜流ともいえ，大都市への人口流入・荒廃を防止するため，地方都市を美化し，地域改良の模範事例を紹介したものである。
(7) 増田・前掲「地方消滅」40頁。
(8) 最近の国土デザインに付いて，「人口減少社会と高齢化時代，高度情報社会の到来をひかえて，21世紀のわが国のグランドデザインを示すことが目的だった。各地域が自らの責任で進むべき方向を選択し，多極的に分散した地域が交流・連携することを目標に」(奥野・前掲「地域自立」43頁)している。注目すべきは，ここへきて国主導から地域主導へと傾斜していったが，このことは国がグランドデザインを策定して，地域がそれに順応していく，模倣の時代の終焉であった。しかし，個別補助による地域振興への中央省庁の拘束は消滅することはなかった。
(9) 地産地消とか，地域循環経済とか，NPOによる企業化など，従来の市場・公共経済とは異質の経済システムが成長しつつある。たとえば有機農業について，「国は，市場原理主義に則った大規模化の方針を変えていない。有機農業を定着させ，近代農業に対抗していくためには，足元から自給を広げ，農・食・環境を守る民の側の運動が大切になる」(大江・前掲「地域の力」120頁)と，市場経済への対抗力が強調されている。有機農業は食の安全だけでなく，廃棄物の自己処理，健康保持による医療費削減，農村人口の定着，農地の栄養維持など，さまざまな複合効果が長期的にみられる。有機農業の存続は，おおくの住民・地域団体の参加・協力によって推進され，コミュニティ・ビジネスもそこから生まれてくるのである。
(10) 原発と地域経済については，高寄昇三『原発再稼働と自治体の選択』(公人の友社，2014年)参照。
(11) 奥野・前掲「地域自立」49頁。

Ⅳ　地域開発の系譜と地域創生策の形成

2　「地方創生」政策の再編成

　地方団体の人口・財政分析からみても，人口減少という病巣は，過疎地域から次第に都市・中核都市・大都市へとひろがりつつある。従来の公的施策・支援では，明確な成果がみられておらず，一度，ご破算にして再編成が求められている。

人口増加対策をベースにした，国家戦略・地域おこし
　第1の政策課題は，人口政策である。人口増加対策をベースにした，国家戦略・地域おこしを展開しなければ，将来，国家・地域崩壊はさけられない。公的債務が1,000兆円をこえているのに，平然としているのは，正気の沙汰でないが，人口問題も同様で，このまま少子化・高齢化がすすめば，「消滅地域」では，故郷喪失の悲劇となる。
　人口減少について，鎌倉時代の人口約800万人，江戸時代の人口約3,000万人で，人口減少は気にすることはないという意見もあるが，人口トレンドは右肩上りできた。しかも現代国家にあって，急激な人口減少は，社会保障のシステム，労働人口の枯渇（高齢化・少子化）で，国民生活の維持が，きわめて大きな困難に直面する。
　内閣府世論調査（2014.10.18公表）でも，「子育ては社会全体で」92％，「人口減，望ましくない」94.3％と，圧倒的多数で人口増加政策を支持している。したがってまず長期視点から社会施策拡充をめざすべきとなる。
　第1の課題は，人口増加策でのポイントは，政府が経済社会構造の矛盾に，どれだけメスが入れられるかである。たとえば個別企業が生産性向上のため，賃金カット・非正規職員増加で，労働配分率の低下に成功しても，公経済からみれば，やがて失業手当増加のみでなく，生活保護費の膨張，最終的には少子

化をまねくことになる。

　すなわち個別の企業・個人の合理的な選択が，全体としてみれば非合理的な「誤謬の合成」となり，国家の死滅に連動する。マクロ経済でみれば，民間企業の合理化は，公経済へのツケとなる。

　もし全企業が非正規職員を廃止すれば，公経済の負担が軽減され，法人税が軽減され，給与上昇で消費も増加し，企業収益も上昇する，好ましい経済循環となる。すなわち公共経済の視点が欠落した政策は，ミクロの個別経済では効果があっても，マクロという国家経済では効果はマイナスである。

　そのため政府も民間減量化の尻拭いとして，児童手当充実など，社会保障の充実を図っているが，戦術的には出生率上昇をうながす，インパクトとなっていない。創成報告書は，人口増加策について，第1に，「20歳代で300万円（独身）以上，30歳代後半で500万円（夫婦）以上の年収が『安定的』に確保されることが目標」[1]としている。

　しかし，年収500万円は，正規職員同士の結婚では充足されるが，非正規職員では，正規職員の年収の半分（54％）しかなく，20～30代の未婚率は，正規職員の2倍となっている。このような状況を打開するため，「非正規職員のキャリアアップ・処遇改善に向けて，『多様な正社員制度』の導入」[2]を提案しているが，現実味に欠けた提言である。

　どうして創成報告書は，国土デザインを描くのでなく，所得配分・給与体系の歪みにメスをいれ，人口減少がもたらす不景気を人質に，経済界への対決姿勢を貫かなかったかである。

　2015年度厚生労働省予算要求をみると，正規職員実現プロジェクト346億円（26年度282億円），正規職員化の拡大716億円が計上されているが，直接的支援措置でなく，情報提供などに過ぎない。業種ごとの非正規職員比率を定めて，強力な法的強制的制度として実施すべきである。[3]

　第2に，創成報告書は，晩婚化・非婚化がすすみ，子供を産んでも1人という少出産化であると指摘しているが，原因は結婚適齢期の給与が低いから結婚・出産ができない。さらに出生率が低いのも同じ，低賃金である。

Ⅳ 地域開発の系譜と地域創生策の形成

　子どもが成人するまでの養育費は，少なくとも 1,000 万円はくだらないが，老後の費用を考えると，子どもを 2 人・3 人を生むのは，中間所得層にとって，経済的に合理性のある選択とはなりえない。
　安倍政権の人口減対策の考えが，希望「出生率 1.8」としたことについて，「出産の押し付けだ」との懸念がひろがり，波紋をなげかけている。子どもをうまないのでなく，経済的に子どもがうめないのであり，そもそも低賃金では，結婚もできない。
　もっとも出産は個人の選択であり，政府が介入すべき問題でないが，政策的には出生率向上のため，独身者の負担増，子育て世帯への負担減という，財政・租税政策の拡充が，緊急課題であることは否定できない。
　問題は政府が，個人的努力に依存するのでなく，出生率向上への施策を充実することで，「少子化の原因は，若者の雇用が安定せず，産めるだけの経済状況になっていなかったことにある。産みたいという希望と産めない現実を，具体的な政策でどう埋めていくかが最も大切だ」[4] といわれており，このギャップが出生率低下の原因として間違いがないであろう。
　大都市圏での出生率が低いのは，構造的には大都市での生活・労働環境が劣悪であるからで，もっとも個人的には企業人としてキャリアーウーマンが多く，結婚へのインセンティブが弱いという理由もある。しかし，フランスは 1994 〜 1006 年で，出生率を 1.66 から 2.00 まで引上げたが，給与改善・生活サービスの拡充の結果であり，日本も根幹的施策が先決である。
　妊娠・出産について，報告書は相談支援体制の拡充がベースで，具体的には「不妊治療等生殖補助医療に対する支援」[5] しか指摘はない。出産手当 1 人 30 万円（健康保険組合支給など），その他育児手当などが，共済組合などから支給されるが，給料の補償としては低く，しかも育児休暇がながびくと年々，低下する。
　問題は出産手当で，第 2 子 50 万円，第 3 子 100 万円と，傾斜配分支給するべきである。傾斜配分方式が，多産化のインセンティブになるかどうかは，支給してみなければわからないが，即効的効果が期待できる措置である。もっとも政府は不妊治療費助成を実施している。

第3に，子育て支援については，保育所への民間企業の参入，「ゼロ歳児保育」の再検討などがあげられるが，具体的施策についての提言はない。[6]

　厚生労働省2015年度予算要求をみると，児童手当1兆4,177億円（26年度1兆4,178億円）で，所得税制限（960万円）があるが，ゼロ歳児月額15万円である。しかし，児童手当は，厳密な意味での人口増加策でなく，低所得者層への所得保障の性格が強い。

　待機児童解消6,560億円（26年度6,580億円）は，予算としては大きいが，人件費もふくめた措置であり，待機児童解消には，大都市圏では用地難は深刻であり，住民の要望充足には限界がある。緊急施策としては，無認可・認証保育所などの補助拡充，公立保育所の民間移管など，格差是正と保育供給能力拡大を図っていくしかない。

　第4に，企業において「働き方」について，育児に対する充実などが提唱しているが，注目されるのは，創成報告書は，「子育てと仕事が『両立』する働き方の実現」として，「残業割増率の50％への引き上げ」[7]の検討を求めているが，安倍内閣の残業代ゼロ政策と対立する提言であり，実現は困難である。

　さらに「ワークライフバランス」をすすめ，仕事と生活の両立をめざすべきと提言している。[8]しかし，この提案は，多分に思いつき提案で，現実の深刻な課題への提言としては悠長なものである。

　現実は長時間労働の是正も，一向にすすまないので，余暇産業の拡大も見込みがない。日本企業の社会的モラルはきわめて低い。ブラック企業といった異名も聞かれるが，自治体すらも，非正規職員を増加させている。

　しかも自治体人件費抑制も，給与一律削減という幼稚で安易な対応しかできず，給与条例の改革という，抜本的改革への勇気は，欠如したままである。これではせめて地方公務員だけでもという期待も裏切られて，人口減少は避けられない状況である。[9]

　厚生労働省2015年度予算要求をみると，仕事と子育て両立支援97億円（26年度87億円）が，計上されているが，基本的課題は，育児休暇後の再雇用の問題処理が重要であり，雇用慣行の是正などがいそがれる。

Ⅳ 地域開発の系譜と地域創生策の形成

　創成報告書への不満は，人口減少の危機を煽りながら，政府・企業への対決姿勢が弱いことである。法人税軽減がなされるならば，子育て支援に関する企業義務を，強化していくべきである。
　第5に，創成報告書は，「多子世帯への支援少」として，「保育や幼児教育サービスについては，原則として，第2子は負担半額，第3子以降は無償とするような，経済的支援策」[10] を講じることが重要としている。また「子どもが多い世帯ほど有利となるような，税制・社会保障制度上の措置」[11] を検討すべきとしており，珍しく税制措置にふれた改革提言となっている。
　しかし，具体的提案はないが，租税政策では高所得者層優遇と批判されても，扶養控除額を第1子50万円，第2子70万円，第3子100万円と累進性をもたせて導入すべきである。たしかに税収は減少するが，将来は確実に増収要素となる。問題は配偶者控除の見直しが検討されているが，人口増加策からみた，扶養控除の拡充はまったく，論議されておらず，全体として政府の人口問題への意識は欠落している。
　創成報告書は，人口増加策について，さまざまの提言をしているが，結婚率・出生率上昇の阻害要素の除去において，日本企業の労働配分率など，企業負担・モラルなどへの責任追求が欠落しており，提言をするだけで，実現への意欲が感じられない。
　第2の政策課題は，国土デザインの地方創生施策で，多分に公共投資と「拠点開発構想」という，従来の方式を踏襲しているが，これでは東京一極集中を，阻止できない。「地方創生」政策は，財源拡大でなく，公共投資の地域傾斜配分が，均衡な国土形成に成功しなかったとの反省のうえで，地方振興策を再編成しなければならない。
　第1の課題は，地域開発政策における基本的戦略の欠陥を考えてみると，日本の地域開発政策は，失敗の連続であったが，その欠点は何かをみるに，まずイギリス事例を，すこし古いが参考までに紹介し，日本の地域開発と比較してみよう。[12]
　第1に，イギリスの企業誘致の基本的的発想は，雇用と開発が連動している。

これは都市計画が住宅政策と連動しているのと同様である。グレータ・ロンドン以外の地域を，人口減少・失業者・設備投資状況などで，数段階に区分して，もっとも開発のおくれた地域への企業投資に対する国庫補助率が，高いシステムになっている。

注目すべきは，イギリスでは公共投資先行型でなく，企業投資への国庫補助であり，地方団体が地域開発で失敗することはなく，政府も確実な民間投資を，過疎的地域への誘導に成功する，システムになっている。

日本の地域開発は，新産業都市にみられるように，地域の雇用状況などに関係なく，候補都市を指定し，公共投資・企業税減免などで，地域社会を競争させたので，立地条件の悪い北海道・北陸・南九州などは，企業立地に失敗し，先行投資が無駄となり，財政的後遺症に長期に，悩まされる羽目になった。

新産業都市にしても，リゾート・テクノポリスにしても，地域社会にとっては漠然たる政府支援の拡充であり，企業立地が確約されたものでない。要するに公共投資のリスク負担は，地方自治体が，かぶるというシステムである。イギリスのように企業投資の実績に対応した補助を，政府自身が実施すれば，自治体のリスクは発生しない。

第2に，未開発地域の雇用促進のため，全国的に雇用税を賦課し，未開発地域での雇用に対して奨励金を交付している。雇用税の賦課は，企業にとって直接的賦課であり，大都市圏での雇用を回避し，雇用税を財源とした，人口減少地域での雇用奨励金は，地方での雇用拡大をもたらした。企業は，投資補助金と雇用奨励金の2つの政策を活用して，地方への立地を選択しており，政策の相乗効果も大きくなる。

このように日本とイギリスでは，おなじ地域開発といっても，基本的に大きな相違がみられる。まして今日，日本の経済・社会環境も激変しており，いままでどおりの政策では効果があがらないであろう。

縦割り行政の壁をどう崩すか

第2の政策課題として，国土の均衡ある発展策をみると，恐らく「まち・ひと・

Ⅳ　地域開発の系譜と地域創生策の形成

しごと創生本部」は，中央省庁主導の事業補助方式における，縦割り行政の壁をどう崩すかが，最大の課題となるが，多くは期待できないとなると，既存の補助事業を，公共投資でなく雇用創出をベースとした，政策に再編成ができるかどうかである。

　第1に，過疎対策で，すでに過疎法などによる，手厚い財政支援（**表15参照**）がなされてきたが，効果があがらなかったのは，国土構造の集中メカニズムの強さもあるが，過疎対策施策の選択が，拙かったのではないか。

　過疎対策といいながら，過疎町村にまで不況対策として，政府・都道府県が箱物行政を奨励し，いたずらに町村債残高をふくらませた。財源的には効果のうすい，基盤整備や行政サービスに，大半が充当され，本来の地域産業活性化・人口定住・移住促進化への支出比率は低い。

　公共投資の費用効果からみても，折角，道路整備がなされても，人口が減少すれば効果は低下する。順序が逆で，直接人口増加に連動する施策，過疎対策では定住促進策であり，地方中核都市では企業・学校などの立地促進を優先すべきであろう。

　第2に，「地域拠点都市」については，増田『地方消滅』は，「各府省の補助金，融資を優先的に配分したり，地方財政措置により安定的な財源を付与することが考えられる」[13]と，既存施策の上積みを奨励している。

　地方中核都市についても，過疎と同様にかなりの財源が投入されてきたが，人口増加の効果は上がっておらず，公共・民間共同事業などへの融資支援などへ方向転換すべきである。

　第3に，政府は巨額の交付金・補助金・交付税などで，地方財政を支援しているが効果がない。人口減少阻止という，緊急課題への対応は，政府による公共施設の立地という，直接的救済投資が，もっとも有効な施策となる。

　要するに曖昧な地域振興策への政府財政支援は整理し，国立施設の「縮小都市」などへの立地政策を展開すべきである。社会科学系でなく，自然科学系の大学・研究機関が有効で，この施設が核となり，地域経済が拡大すれば，人口問題に大きく貢献する。

戦後，教育の機会均等を実現するため，「1県1大学」の原則で，公立大学が設置されたが，それでも日本の公的教育費は低い水準にある。そのため東京に大学の4割が集中している。
　しかも大学進学率の地域格差が拡大している。「最上位の東京（72.5％），最下位の鹿児島(32.1％)の差が40ポイントあった。20年前とくらべると倍になっている」「地方はどうか。大学に進みたくても数や定員が少ない。都市の大学に行くには，下宿代など親の負担が重くなる」[14]といわれている。
　地方は，教育機会で大きな不均衡に見舞われるだけでなく，地域経済からみても，東京の大学就学は，地方消費の東京圏への流出という由々しい事態であり，特産品で地域経済がえる収入より，大きな支出が外部に流出している計算になる。
　したがって国立大学（学部増設）・研究機関などの設置による，経済複合効果はきわめて大きい。年間数個所を目途に地方に設置し，明確で確実な地方創生策を遂行すべきである。国立・公立・私立をとわず，大学の分校・研究機関を，せめて学部の増設など，「消滅地域」での立地に対して，投資額を助成するなど，思い切った支援策が，もっとも有効な人口配分策である。
　第4に，実際，地域振興で欠けていたのは，地域社会が存続のため何を選択するかを，地域社会で討議し，ビジョンをかかげて選択し，実践することであった。財源は補助金・交付税・交付金などは，そのときさがせば必ずみつかる。
　しかし，政府財政支援に固執すると，予算消化が優先し，事業効果があがらないという事態になる。「地域を再生するために本当に必要なものは何か。高齢化対策か，少子化対策か，働く場所の確保か，それぞれの地域がまずみずからを分析しなければならない。分析結果に基づく取り組みを政府がアシストする。これがまともな姿でしょう」[15]といわれている。
　過疎対策をみても，個々の町村が，存続のため，どうするかを議論する前に，行政サービスの効率化のみ先行させ，町村大合併を強要し，小学校の統廃合を強引に実施し，過疎・限界地域の衰退を加速させている。ことに小学校は，地域の精神的支えであり，空き教室は，地域再生の活動拠点となる。小学校の他

IV　地域開発の系譜と地域創生策の形成

目的利用ができないというが，過疎地は例外とすべきである。

租税政策の活用と「ふるさと納税」

　第4の政策課題として，租税政策の活用である。国土デザインへの誘導策は，圧倒的に財政支援をベースにしているが，政策的には租税政策をつうじて，東京圏への人口・企業の集積抑制，地方への立地・移住促進を図っていく施策がはるかに有効である。

　財政措置は，主として自治体が対象で，東京圏への企業立地への抑制措置は採用されない。すなわちマイナスの補助はない。また補助方式は財源的にも限界があるが，租税方式では，東京圏への立地・雇用への特別税・負担金賦課で集積を抑制し，その賦課金で地方への奨励金・賦課軽減補填金を適用するので，財源はある意味で無限といえる。

　政策的にも，東京圏抑制・地方圏奨励という，人口・企業誘導施策は，いわば自動安定装置（ビルトインスタビライザー）という，一石二鳥的な機能を発揮する。要するに東京圏への企業集中がすすむと，地方への奨励金が自動的に増加し，財源の心配はなく，政策的効果も大きい。

　現行地方税制でみると，財源調整政策で東京圏への課税強化がなされているが，人口・企業抑制策でなく，あくまで地方団体間の財源調整が主力であり，東京一極集中の抑制効果はないので，政策効果を狙った措置を，積極的に採用すべきである。

　近年，このような大都市圏から地方都市圏への財源移譲として，注目を集めているのが，「ふるさと納税」で，政策的にも卓抜した施策であり，個人の「愛郷心」の発揮として高く評価され，納税額も膨張しているが問題である。[16]

　「ふるさと納税」の近年の動向は，納税額は増加するにつれ，弊害も肥大化しつつある。2013年の状況は，適用者（納税者）10万6,446人，納税額130億1,128万円，控除額45億2,632万円，うち都道府県住民税18億794万円，市町村税27億1,834万円であるが，金額も大きく問題もひろがっている。

　第1に，「ふるさと納税」は，地方で生まれ，都市でくらして，都市で納税

者している人たちが，ふるさとに少しでも「恩返し」できなかという趣旨で，2008年に創設された。人口減少で税収減に悩む地方の財源を補填し，あわせて税収の地域格差を埋める目的もあった。しかし，過疎町村でも，交付税で財源補填はされており，貧困団体への財政支援の合理的根拠はない。

第2に，「ふるさと納税」の条件が，納税対象自治体は，自分の出身地でなくてもよく，どこの自治体でもよいとされた。愛郷心と無関係である。寄付控除額は，5,000円以上であったが，2011年から2,000円以上となり，それ以上が所得控除の対象となり，優遇措置は拡大された。

このため納税者がふえていったが，都道府県・市町村の半分が，地元特産品などの還付を実施しており，納税額拡大への競争がエスカレートしていった。特産品の効果は絶大で，長野県阿南町は，寄付金同額の米を贈ることにしたが，2012年度270万円が，2013年11月の受付締切時点で1億円を突破した。あきらかに「ふるさと納税」といっても，利得目的での寄付ということが露呈した。

すなわち租税控除と特産品受領の二重取得である。京都府宮津市は，1,000万円以上の寄付者に分譲宅地を無償譲渡するとPRをしたが，総務省から「税控除をうけられない『寄付者への特別の利益』にあたる恐れがある」と指摘され，市は中止をしている。[17]

第3に，「ふるさと納税」は，出身地への純粋な寄付としても，居住する自治体から行政サービスをうけていながら，地方税の軽減をうけるのは問題である。結果として当該自治体の税収が減ることになり，大きな打撃となる。[18]

しかも制度の趣旨が活かされない，特産品贈与合戦となっており，姑息な制度といえる。さらに自治体にとって，ギャンブル収入と同類で，自治体の地域経営マインドをスポイルさせてしまう。

また住民も特産品が目的で，実質的な脱法行為となり，モラルハザードの誘因ともなる。さらに地元の特産品事業者にとっても，営業努力をしなくとも，特産品の販売は確約されるので，企業努力の意欲を喪失する。

第5に，政府は，個人の寄付という方式で，財源調整ができ，制度改正に

IV 地域開発の系譜と地域創生策の形成

よる正攻法の政策努力をしなくてすむため，地方財政への真面目な対応を怠る要因にもなりかねない。したがって制度逸脱を抑制するか，寄付金額の上限を設定するか，制度の見直しをすべきである。[19]

ただ地元特産品の贈与は，自治体にとって税収を犠牲にして，地域産業への支援という選択であり，地域再生策には寄与する。しかし，過度の活用は，寄付住民の居住自治体の税収減，租税控除と見返り給付という利得行為などを考慮すると，自粛すべきである。

しかし，政府は来年度は制度拡充の方向である。[20] むしろ地方再生への心理的精神的弊害が大きくなり，変則的補助政策として悪影響が醸成されていくのではないか憂慮される。

やや「ふるさと納税」に深入りしすぎたが，最近の地方財政は，原発交付金・各種振興交付金など，財政運営の乱脈を引き起こしかねない，地方財政措置が目に余るからである。「ふるさと納税」も，運用の弊害を考えると，決してもろ手を挙げて賛成できる施策でなく，過疎農村への移住策など本来の政策をより支援すべきである。

人口・国土政策でも，補助などの財政支援が主流であるが，税財政措置からみた有効なシステム・施策が欠落しており，そのため東京圏への企業集積を許している。政府の地域再生への施策も，政策としてお世辞にも立派とはいえず，租税政策からの政策に関心が薄いのは，政策の相乗効果からみても問題である。

第1に，府県事業税である。本来，当該法人・事業者の営業収入であるが，都道府県間にまたがる法人の場合，従業者数が，配分基準として採用されたが，従業者数の配分基準は，それだけで大都市圏と地域圏との財源調整となっている。それは一般的に従業者単位の収益性は，大都市圏が高いからである。[21]

このような事業税の財源調整措置に対して，富裕府県では超過課税を実施し，財源調整をめぐる，政府・都市圏のせめぎあいがつづいている。この超過課税方式は，法人住民税でも発生しており，平成24年度，都道府県法人分1,995億円，市町村税法人分2,431億円の合計4,426億円となるが，それでも都市圏への法人集積はつづいている。それは大企業では租税負担は全国的に調整さ

れ，負担増の実感がなく，赤字企業には超過課税の賦課はないからである。

　第2に，地方消費税の配分である。都道府県の「消費に相当する額」について，「小売年間販売額」「サービス業対個人事業収入額」で8分の6，人口で8分の1,従業者数で8分1を精算をし，精算後の2分の1を市町村に人口数2分の1，従業者数2分の1で交付する。その結果，1人当り消費額の大きい大都市圏は調整され，地方有利な配分システムとなっている。

　第3に，30万人以上の都市での市税事業所税は，都市立地の抑制効果と都市財源の拡充を目的として設立された。事業所新設（1㎡ 6,000円），以後，資産割保有床面積（1㎡ 600円），従業者割（給与者総額の100分の0.25）が賦課されている。

　しかし，当初，課税団体は大都市に限定されていたが，その後，拡大されていき，大都市特有の財政需要への財源という性格がうすれ，事業立地の抑制効果もなくなった。しかも工場も課税対象であり，地方中核都市への工場進出への阻害要因となっている。

　しかも特定財源であるにもかかわらず，交付税で基準財政収入額に算入されるので，都市サイドメリットはすくなく，間接的には交付税をつうじて，農村部への調整財源として還流している。

　第4に，都市圏への立地抑制効果として，現行の財源調整を目的とした，地方税措置は有効に機能していない。東京圏への従業者雇用負担として，採用従業者1人当り月額100円を徴収し，「消滅地域」への雇用奨励金の財源とすべきである。

　産業別従業者数（10年）5,961万人で，公務員を除外しても，月額100円として約500億円となる，「消滅地域」での新規雇用（農業定住者ふくむ）に，月10万円程度の支給は可能となり，移住者の増加が見込まれる。

　さらに考えられるのは，市町村固定資産税の評価基準であり，現行制度では実勢地価の7割程度であるが,東京圏の法人固定資産税課税評価基準を引上げ，「消滅縮小地域」への企業・個人の新規立地分の投資奨励金の財源とすべきである。

Ⅳ　地域開発の系譜と地域創生策の形成

　このような大都市圏への賦課金方式で,「消滅縮小地域」への雇用・投資を奨励し,政府の企業投資への直接的補填措置との相乗効果で,「消滅地域」への人口呼び戻し策を実施すべきである。

　このように租税における不均衡課税で都市圏への賦課強化をし,立地抑制機能を稼動させ,その増収財源で非都市圏への立地促進機能を強化する政策は,政策効果としてきわめて大きい。

注

(1) 前掲・創成報告書 22 頁。(2) 同前 23 頁。
(3) ただ非正規職員といっても,学生アルバイトとか,主婦のパートタイマーなどの正規職員化は,政策的には対象外であり,独立世帯とか夫婦とも非正規職員とか,家族形態・経済状況によって,選別しながら正規職員化を図っていくべきである。障害者雇用と同様に,業種ごとに非正規職員の最大雇用比率を定め,違反企業にはペナルティを賦課する,法的システムを導入すべくいである。
(4) 駒村康平慶應大教授,朝日新聞 2014.11.14。
(5) 同前 25 頁。(6) 同前 26 頁参照。(7) 同前 29 頁。(8) 同前 31 頁参照。
(9) 自治体の給与体系・人件費削減については,高寄昇三『自治体人件費の解剖』(公人の友社,2003 年),高寄昇三・山本正憲『地方公務員給与は高いのか』(公人の友社,2013 年) 参照。
(10)・(11) 創成報告書 31 頁。
(12) イギリスの地域開発政策については,高寄昇三『現代イギリスの都市政策』(勁草書房 1996) 1 〜 195 頁参照。
(13) 増田・前掲「地方消滅」53 頁。
(14) 朝日新聞 2014.10.23。
(15) 浜矩子・朝日新聞 2014.12.2, オピニオン。
(16) 「ふるさと納税」については,「東京圏在住者に特定地域を意識させ,その地域を支える具体的な行動を促がすのにこれ以上の仕組みはない。東京圏において『ふるさと納税』のキャンペーンを今まで以上に強力に展開し,『ふるさと納税』を特定の自治体に継続的に行った者には,地域を支えてくれる将来の移住候補者として,きめ細かな情報提供を行うべきだ」(増田・前掲「地方消滅」58 頁) と推奨している。
(17) 京都新聞 2014.12.10。
(18) 2011 年,長野県.軽井沢町在住の住民が,東日本大震災で約 7 億円の寄付をしたが,住民税 1 億円を納税していた者が,寄付控除で約 7,500 万円が還付され,軽井沢町は

約 4,700 万円を還付金で負担することになった。信濃毎日 2012.9.29。「ふるさと納税」では，この種の財政的損失が，寄付者の自治体で発生している。
(19)「ふるさと納税」の弊害について，「寄付を『お返し』で引き寄せる行きすぎた競争に陥っていると言わざるをえない。このまま放置すれば，NPO 法人など寄付が頼みの民間団体が割を食い，寄付文化の健全な発展を妨げかねない」(朝日新聞 2014.12.21) と制度改正が求められている。
(20) 寄付金控除額が，年収 500 万円 (夫婦のみ) 世帯で，現行制度では最高約 3 万円 (控除額 2 万 8,000 円) であるが，改正後は約 5 万 8,000 円 (控除額 5 万 8,000 円) となる。面倒な手続きも「ワンストップ特例制度」を創設し，自治体への控除申請を寄付先の自治体が代行するので，従来の確定申告方式が不要となる。朝日新聞 2012.12.17。
(21) 府県事業税では更に銀行については，昭和 29 年度から 2 分の 1 を事業所数，2 分の 1 を従業者数となり，この方式は平成元年に証券業が追加されている。一方，その他業種について，昭和 37 年度に資本金 1 億円以上の法人本社管理部門の従業者は 2 分の 1 に，平成元年に資本金 1 億円以上の製造業の工場従業者は 1.5 倍とされた。その結果，本社分は 2 分の 1 以下に激減補正となっている。事業税の配分是正については，高寄昇三『東京都銀行税判決と課税自主権』(公人の友社，2002) 23 〜 29 頁。

3 「地方創生」と補助金・交付税改革

　第5の政策課題として，地方創生へのカギを握っているのは，政府財政支援の改革といえるが，つねに中央省庁の反撃にあい挫折の憂き目をみてきた。ことに三位一体は，自治体の期待を裏切る結果となり，苦汁を飲まされた。

　しかし，諦めるのは早い，少なくとも，一括交付金とか，「ふるさと創世事業」方式とか，改革の処方箋はあり，あとは地方六団体とか個別自治体が，個別利害をこえて，どれだけ頑張れるかである。

　地方再生策は，ある意味では，地方財政改革への試金石を築けるかどうかである。補助金改革の突破口は，一括交付金であり，乱立する補助金を一括交付金に吸収して，補助金の淘汰を図っていくのが，有効な手段である。地方交付税については，補助的行政費目は，交付税の原点にかえって，本来の一般行政費目に吸収するべきである。

地方再生補助の増殖

　第1の課題として，地方再生補助の状況をみると，各府省にわたるが，厚生労働省の妊娠・出産・子育て支援などを除外して，地域活性策の国土デザイン関係に限定してみる。

　第1に，「まち（地域）づくり関係」で，地域活性化・施設備品整備（コミュニティ助成策など），外部人材活用などあり，重要項目としてインフラ・交通整備で，地域再生基盤強化交付金（内閣府）・地域公共交通確保維持改善事業（国土交通省）である。

　問題は，自治体サイドでどう利用するかで，住民との交流を図りながらすすめていき，事業後，行政評価システムで事業効果を検証し，つぎの事業選択の基準とするシステムをつくりだすことである。ソフト補助が，次第に多くなり，

事業効果が必ずしも明確でなく，自治体サイドでも，事業効果への評価の必要性が高まっている。
　第2に,「過疎対策・将来支援関係」で,「農山漁村活性化」では，農山漁村活性化プロジェクト・都市農村共生・交流総合対策交付金など農林水産省関係がほとんどである。(1) しかし，これ以外に国土交通省の離島活性化交付金，総務省の過疎地域将来再編事業，国土交通省の集落活性化事業がある。
　過疎地など条件不利な地域での補助事業は，費用効果が当然悪くなるが，地域医療・生活交通・集落維持の確保などは問題がないが，地域産業の振興策として何を選択するかで，補助事業効果は大きく異なる。補助金の魅力に惑わされることなく，事業の波及・複合効果が大きい事業選択となるが，数値測定は困難で，各自治体の政策能力の水準で成果はきまる。
　たとえば景観保全・特産品にしても，6次産業化と連動しなければ効果は小さい。農業後継者育成にしても，受け皿が貧弱であれば効果は，宙に浮くことになる。
　補助金の魅力に惑わされることなく，経済性と自立性を確保しながら，地域社会への貢献度を考え，補助事業の取捨選択をことである。過疎町村の首長・議会・職員・住民こそ，都市職員より政策能力・センスが求められる。
　第3に,「人材関係」では，担い手支援では，地域おこし協力隊・集落支援員などは,総務省であるが,離島人材育成基金事業は（公財)日本離島センターで，新規就農・経営継承総合支援事業は，農林水産省である。(2)
　創成報告書は，地方への雇用対策として,「若者の地方企業への就職を支援する方策として，たとえば，地方企業に就職した若者に雇用保険から5年間で100万円の所得支援を行うような仕組みを検討してはどうだろうか」(3) と提言している。
　一般的な大学卒業後の若者の都市回帰へのUターン・Iターン奨励策として,「消滅地域」などへの就業は，さきにみた雇用税の還付で対応できるが，高齢者の過疎村への定住促進は，一連の施策が形成されなければならない。
　「地方移住関心層」を,現実に移住させるため,総務省の『地域おこし協力隊』

IV　地域開発の系譜と地域創生策の形成

や農林水産省の『新・田舎で働き隊』のような，都市住民の地方移住を支援する取り組みは着実に実績をあげている」[4]が，既存施策として，一応の成果をみている。

　もっとも移住にはきめ細かな措置が必要であるが，移住促進費・雇用奨励金に絞って措置するのが効果的で，手続きも簡単となる。移住施策のアキレス腱は雇用で，農業では休耕田などの確保となる。

　要するに総合施策としては未成熟であり，情報提供にはじまる PR，住宅の斡旋，雇用の確保，定住へのアフターケヤなど，全体としての対応システムを整備し，最終的には就業保障であり，地域おこしの事業成否が，大きな影響力をもつことになる。

　第4に，「地域産業振興関係」としては，新商品・新事業として，地域経済循環事業交付金（総務省），6次産業化ネットワーク活動支援（農林水産省），農商工連携対策支援事業（経済産業省），新技術・地域資源開発関係補助事業（財・地域総合整備財団）などである。

　政策的には過疎・農業対策をはじめ，すべての対策が，基盤整備・生産拡大をベースにして，組み立てられており，人口増加策は少ない。農業施策そのものが，米生産・農家保護がベースで，休耕田補償などは，農業復権と逆行する措置である。

　今後，農政はたんなる生産でなく，農産物の高付加価値化，販売戦略の戦略化，そして農業の6次産業化のための，観光開発・2次加工などの対応策が主流となりつつある。

　自治体としては，個別事業でなく，複数を包括して総合的に波及・複合効果を発揮していけば，個別事業の費用効果も上昇する。基盤整備とことなり，当該自治体，関係住民団体の施策実施能力が，試される補助事業が多くなりつつある。

　第5に，「スポーツ・文化振興関係」として，さまざまの支援があるが，（一財）地域活性化センター，(財）自治総合センターなどが主力である。「その他」として，特定地域再生事業費補助（内閣府），過疎地域等自立活性化推進事業（総

171

務省）などである。

　自治体は無数にある補助・支援措置をどう選択し，組み合わせ，事業化していくか，農村であっても，複合経営体（コングロマリット）として，経営感覚が求められる。ことに自治体は，民間セクターの発想・粘りに学ぶことが多いはずである。

政府財政支援の混乱

　第２の課題として，地域再生補助事業における補助金の乱立・重複がみられ，政府財政支援の混乱をみてみる。第１に，中央省庁は，一応は事業目的別に編成されているが，理屈をつければ，すべての官庁が補助できるシステムになっている。たとえば自然エネルギー再生事業をみると，所管省の環境省が補助するが，農林水産省は農村活性化，総務省は過疎活性化という目的で，補助金を創設している。

　第２に，中央省庁だけでなく，外郭団体もかなり重要な助成機関であり，地方自治体として，どの補助事業をどう受け入れるか，ノウハウがなければならない。

　さらに地域活性化補助などは，NPO法人など民間団体が補助対象となっており，このNPO法人の補助事業に，自治体・森林組合・地域住民団体・職能専門団体が参加している。補助事業の有効な遂行には，これら団体との連携・協力は不可欠で，自治体サイドの調整能力・誘導機能などの向上が急がれる。

　第３に，中央省庁は，補助金方式だけでなく，交付金方式が多用され，本来の内閣府の一括交付金だけでなく，各省庁とも独自の交付金を設定している。しかも交付金は補助金のメニュー化で，自治体が選択すれば，本来の補助金は，個別補助金の事業となる。

　したがって内閣府の一括交付金さえ，内閣府の包括的補助金と各省庁の個別補助金が制度的には併存している，二重構造となっている。

　第４に，補助金行政を混乱させているのが，総務省の交付税の政策事業化（普通交付税での補助項目新設，特別交付税での事業対象認証），地方債の補助金化（過

Ⅳ　地域開発の系譜と地域創生策の形成

疎債の償還財源の交付税補填）などで，交付金措置の変質（実質的補助金）がすすんでいる。

　普通交付税の雇用対策・地域振興費は，予算規模が1,000億円〜1兆円という膨大な金額であり，他省庁が太刀打ちできない状況である。さらに交付金・地方債は，補助といいながら包括的措置で，過疎・定住・行政改革など，どのような施策も適用できる万能薬である。

　さらに補助金・交付税・地方債と，三位一体の総合財政支援で，単独の補助措置しかない，他省庁の財政支援と異質の威力を秘めている。

　第5に，地方再生補助は，多くの補助事業がスーパーのように，多費目に陳列されている。自治体は選定に困惑するだけでなく，現状は，結果として少ない補助事業を，数おおく処理する，粗製乱造の極みと化している。

　メリハリの利いた補助事業でなければ，効果もあがらない。政策的には消滅地域への移住政策に重点的に補助すべきである。人口がふえれば，小学校の存続・交通サービスの経営改善など，その波及効果がきわめて大きい。さらに戦略的に雇用確保のため休耕田の活用とか，特産品販売の促進とか，さまざまの制度改革をもたらす圧力となる。

交付税・交付金が実質的には補助金に変貌

　第3の課題として，地方財政における地方再生措置として交付税・交付金が混在しいるが，交付税・交付金は，名称とはことなり，実質的には補助金という，摩訶不思議な存在へと変貌しつつある。

　2000年以降，この傾向は一段と強まっていったが，交付金の経過（**表30参照**）から実態をたどってみる。当初は各省庁の補助金を交付金化していったが，やがて内閣府が統括する交付金方式がひろがっていった。

　交付金にあって，本格的な府省・分野横断的一括交付金が誕生したのは，「民主党マニフェスト2009」をふまえた，「地域主権戦略大綱」（2010年6月22日閣議決定）にもとづいて，2011年度予算で設定された「地域自主戦略交付金」（5,120億円）が，内閣府予算として創設された。

表30　公共事業関係に充当できる主なる交付金の一覧（2004年度～2010年）

制度名	創設年次	所管省庁	初年度予算額	主な事業目的と特色
まちづくり交付金	2004	国土交通省	1,330億	都市整備関係補助の統合，2010年社会資本整備総合交付金の統合
むらづくり交付金	2004	農林水産省	100億	農村整備関係補助を統合，2010年社会資本整備総合交付金の統合
地域再生基盤交付金	2005	内閣府	810億	複数同類補助を内閣府で統合
里山エリア再生交付金	2006	農林水産費	110億	花粉発生源対策・耕作放棄地対策などを統合
地域自立・活性化交付金	2007	国土交通省	200億	都道府県広域連携事業を支援
地域活性化・緊急安心実現総合対策交付金	2008 1次補正	内閣府	260億	需要喚起のため関連事業統合化
地域活性化・生活対策臨時交付金	2008 2次補正	内閣府	6,000億	需要喚起のため関連事業統合化
地域活力基盤創造交付金	2009	国土交通省	9,400億	道路関連事業補助の統合化
地域活性化・公共投資臨時交付金	2009 1次補正	内閣府	1兆3,790億円	経済対策のための自治体事業の統合化
地域活性化・経済危機対策臨時交付金	2009 1次補正	内閣府	1兆円	需要喚起自治体事業の統合，ハード・ソフトとも可
地域活性化・きめ細かな臨時交付金	2009 2次補正	内閣府	5000億	需要喚起自治体事業の統合，ハードのみ
社会資本整備総合交付金	2010	国土交通省	2.2兆	道路・港湾・まちづくりなど補助事業統合
農山漁村地域整備交付金	2010	農林水産費	1,500億	農業・農山漁村整備補助の統合

注　内容説明は一部変更
資料　三原岳「公共事業に関する政府間関係の制度史」（東京財団ウエブサイト）56～57頁。

しかし，あとでみるように，ひも付き補助金を廃止できなかったが，交付税でも，ひも付き交付税というべき，交付税の補助金化がすすんだ。この交付税補助金化は，一括交付金との関係も深く，その経過をみてみる

第1に，2007年度，「頑張る地方応援プログラム」を創生し，総額2,700億円程度を交付税で財政支援をしている。人口を単位費用としているが，行政改革指標（人件費削減効果・ラス指数，職員数削減率），農業産出額，製造品出荷額等を成果指標として，普通交付税算定に約2,200億円を普通交付税に反映させる。

Ⅳ　地域開発の系譜と地域創生策の形成

別途，市町村がこのプログラムを実施するための支援費として，約500億円は特別交付税として措置するとしているが，大盤振舞いではないか。従来にない交付税で新型交付税といわれているが，交付税の変質である。

第2に，2008年度，「地方再生対策費」創設である。財源は法人事業税の地方法人特別税・地方法人譲与税とする過程で，4,000億円の調整財源を捻出し，「地方と都市の共生」の考えで，再生対策費が組み込まれた。都道府県1,500億円，市町村2,500億円を交付税で措置する。

交付税算定は，人口規模のコスト差を反映（段階的補正）するほか，1次産業就業者比率や高齢者人口比率を反映する配分基準となっている。配分後は，総花的補助と化している。交付税は包括的財政支援であるが，これではバラマキ補助との批判は免れないであろう。なお2007年度の「頑張る地方応援プログラム」（3,000億円）が継続実施されている。

第3に，交付税でなく交付金として，2009年度補正で「地域活性化・生活対策臨時交付金」として，都道府県2,500億円，市町村3,500億円を配分する。財源は国費3,000億円と，旧公営企業金融公庫の金利変動準備金3,000億円で，地方還元のためとしている。補助金淘汰を目的とする，一括交付金とは別個のシステムである。

2009年度では，別途「地域雇用創出推進費」1兆円を交付税増額で対応している。財源は「道路特定財源の一般財源化」での5,000億円で，「地域の元気回復」1,500億円（一般経費・交付金化），地域医療支援1,500億円（一般行政費・公営企業繰出金），公債償還期限みなおし「2,000億円」である。保育所費など，深刻な財源不足がみられる一方で，特定施策の交付税措置が肥大化するのは，交付税制度の運用として問題である。

第4に，交付金として，2010年度は，2009年度補正で，地域活性化・公共投資臨時交付金（1兆3,790億円）を，国庫補助と地方単独事業で対応，地域活性化・経済危機対策臨時交付金（1兆円，都道府県4,000億円，市町村6,000億円）で，条件不利な過疎・離島などに重点的に交付するが，国庫補助と地方単独事業で対応する方式である。

しかし，交付金といっても，実質は国庫補助金であり，町村単独事業の負担は，交付税で補填されるが，交付税は魔法の杖であり，普通行政費の基準財政収入を十分に算入して，補填措置は抑制すべきである。なお特別交付税で緊急雇用対策費を措置している。

　第5に，2011年度は，交付税措置ではなく，「ひもつき補助金」廃止をめざして，「地域自主戦略交付金」，「沖縄振興自主戦略交付金」の合計5,120億円が創設された。さらに「円高・デフレ緊急総合対策」を受けて，2010年10月の補正予算で，「地域活性化交付金」(3,500億円) で，「きめ細かな交付金」(2,500億円，観光地における電線地中化事業など)，「住民に光をそそぐ交付金」(1,000億円，消費者行政・自殺予防・自立支援・図書館事業など) が計上され，内閣府に一括され，各自治体が提出する実施計画の内容に応じて，関係府省に移し替えた上で交付された。

　第6に，2012年度をみると，補助金統合化として，「地域自主戦略交付金」，「沖縄振興自主戦略交付金」の事業対象は拡大され，合計8,329億円となった。普通交付税では，地域経済・雇用対策費（測定単位人口）で，都道府県3,297億円（25年度3,297億円），市町村3,166億円（25年度3,172億円）である。ただ交付税の地域経済・雇用対策費は，小規模団体優遇で配分され，生産物産出額・人口密度・有効求人倍率・高齢者比率・自主財源比率を全国平均との比較で配分される。

　なお地域経済循環創造事業費（25億円）が補助事業として措置されたが，「初期投資に係る資金面での支援，事業立ち上げ・運営等に必要な知識を有するマネジメント人材を斡旋する」補助であり，典型的ソフト補助の創設である。

　第7に，2013年度は，交付税で「地域元気づくり推進費」（測定単位人口）で，都道府県1,950億円，市町村934億円が算入されている。地域経済基盤強化・雇用対策費7,400億円（都道府県3,300億円，市町村4,100億円）がある。

　第8に，2014年度「地域の元気創造事業費」として，3,500億円を地方交付税で，人口などで手当する。別途「地域元気創造プラン」が創設された。このうち「地域経済循環創造事業交付金」は，金融機関と自治体との協調融

資事業という,新しいシステムが,交付金導入の条件となっている。(5)

このように数千億円規模の地方財政への政府財政支援が採用されているが,財源的に国庫・地方財政の財源による実質的補助金,交付金方式であるが,類型的には,新規補助財源方式,補助金振替一括交付金方式,交付税財源措置による交付税特例方式などに区分される。

内閣府の一括交付金による統合化とは別に,総務省の交付金があり,交付金の総合化は難航していった。毎年改正される,政府財政支援に,自治体は戸惑いを隠せない。むしろ基金方式で地方債償還財源とするか,地域振興財源とし,自治体が自由に方策に充当すべきである。

交付税制のなにが問題か

第4の課題として,近年の交付金・交付税の動向が,財源調整を本来の使命とする,交付税制のあり方からみて,なにが問題かをみてみる。

世間的に注目されたのは,2007年度の都道府県法人事業税改革によって,その一部を地方法人特別税として国税化し,特別譲与税としたが,その余剰財源で,新型交付税として「頑張る地方応援プログラム」(「地域再生対策費」)が,4,000億円が計上された。1,500億円は都道府県,2,500億円は市町村に配分された。人口10万人規模で2億円,1万人規模で8,000万円,5,000人規模で6,000万円の傾斜配分となった。(6)

以後,この方式が踏襲・拡大され,交付税の複雑化・補助金化,さらに交付税による地方財政への統制機能が拡充された。典型的事例は,地方財政運営改善として,人件費削減が行政費目・補正係数として採用された。

第1に,普通交付税の行政項目に,頑張る地方応援プログラムとか,雇用対策費とか,地域再生費とかを設置するのは,本来の教育・衛生・福祉などの一般行政費とは異質の費目の交付税化で,既存行政費への交付税補塡の削減によって設立している。

すなわち一般行政費補塡方式でなく,特定目的行政評価方式であり,補助金化であり,さらに補正係数の採用が,きわめて総務省の意向を濃厚に反映し,

自治体財政運営の勤務評定化がすすんだ。

第2に，純然たる行政費指標でなく，さまざまの経済社会指標などを採用した。たとえば単位費用・補正係数は，頑張る地方応援プログラムでは，市町村では，人件費削減率・出生率・ごみ処理量・農業産出額・小売販売額・製造品出荷額・事業所数・若年就業率・転入者人口などを採用しているが，需要を適正に反映させることは，不可能な成果指標である。

このような成果目標の達成度に応じて，交付税額が決定される方式は，財政需要額とみなされる事業との関連性が薄く，財政需要補填機能が，各自治体で大きく異なることになる。

交付税額算定の方式が，成果指標を採用しているが，成果と財政需要・自治体行財政努力の相関性はない。交付税にこのような社会・経済指標を算定基準とするのは，配分の合理性が確保できない。要するに交付税の補助金化は，純粋の補助金より，始末がわる。[7]

第3に，個別自治体への交付実績をみると，交付税の措置といいながら，実態は補助金で，しかも総花補助ある。自治体サイドとして，政府の財源操作の結果，棚ぼた式で巨額の財源付与があったので，有効に消化されるか疑問である。[8]

要するに交付税は，補助事業の普通交付税算入，特別個別財政需要の特別交付税対象化，過疎債の補助裏財源補填と，金額的にも補助金をはるかに凌ぐ金額であり，施策が混乱するだけでなく，補助金のように直接的インセンティブは弱く，本来の交付税へ回帰するか，譲与税方式の事業調整財源として譲与税方式化するか，一括交付金の財源とするか，なんらかの改革が不可欠である。

第4に，特別交付税が，年々，特別政策項目を特別交付税化しており，人口増加・僻地過疎対策費とみなされる項目にしても，高度へき地学校，学校統合，営農資金，へき地診療所，過疎集落移転，準過疎対策，広域共同プロジェクト，コミュニティ・ネットワーク，へき地医療などがある。

さらに特別交付税項目として，施策・事業と追加認定すれば，容易に補助事業の交付税化ができる。有効な措置と評価されている「地域おこし協力隊」も，

特別交付税で措置されている。特別交付税では，特殊財政需要に対する補填であるので，定住自立圏関係費も，特別交付税措置で処理される。

ただ特別交付税であっても，財源補填であり，補助金のようにインパクト・インセンティブが乏しい。近年の傾向は，交付税の補助金的性格が濃厚となり，補助金との境界がなくなりつつある。

本来，特別交付税でも，公営企業の赤字補填，災害復旧費の補助裏補填など，財政支出済みの補填措置であるが，地域再生施策など個別施策促進措置となると，交付金・補助金との関係は微妙で，線引きはむずかしい。

交付税を見越して，自治体が事業化しており，交付税が交付税を呼ぶ関係となっている。しかし，豪雪・豪雨など災害は頻発しており，特別交付税財源に余裕がないはずで，地域振興関係費は，交付税補填の枠外の財政需要である。

第5に，制度的には交付税が，本来の一般的な財源調整・補填機能を逸脱することは，自治体の健全な発達に決して好ましくない。本来の基準財政需要額を十分に算定し，それで財源的余裕があれば，基準財政収入額は，市町村にあっては6割程度，都道府県は7割程度にして，自主的財源で独自の施策を遂行できる余裕がなければならない。

内閣府一括交付金・「ふるさと創生」方式への期待

第5の課題として，補助金の交付金化をみると，内閣府の一括交付金以外に個別交付金が多く設定されている。

第1に，これら所管府省庁の交付金は，補助事業と同様に財源手当をするが，交付金という名称で，交付する補助方式である。実質的には補助金のメニュー化に過ぎない。自治体の補助金選択の裁量がひろがるが，個別補助金での自治体が使い勝手のよい補助金とするのが先決である。

第2に，総務省の交付金は，補助事業のメニュー化でなく，新規財源による交付金である。さきにみたように2009年度の「地域活性化・生活対策臨時交付金」，2010年度「地域活性化・公共投資臨時交付金」などあるが，巨額の臨時交付金が，自治体にとって不要不急事業の実施となり，無駄な支出の拡

大再生産となった。

　第3に，内閣府の一括交付金は，所管府省庁の補助・交付金を，一括交付金に組み込み，補助事業項目は自治体が選択するが，事業執行は所管府省庁の補助・交付金基準で処理する方式となっている。現在では内閣府の調整基準など，必ずしも明確でなく，運用システムの整備が急務である。

　このような乱立する補助金・交付金を整理・統合する目的で，民主党政権によって，2010年に内閣府に一括交付金が設定され，2011年度から実施となった。

　第1に，一括交付金の実態をみると，政権交代の成果物として，「地域自主戦略交付金」(一括交付金)が創設されたが,実態は補助金のメニュー化であった。[9]

　それでも地域自主戦略交付金は，1つに，同種の複数省庁にまたがる補助金をまとめて，一括交付金とした。2つに，「ひも付き補助金」を段階的に廃止し，自治体の自由裁量を拡大するため創設された。実際，運用でも自治体の選択裁量は拡充された。[10]

　3つに，窓口を内閣府に一元化した。内閣府は一定基準で，個別自治体への配分枠を決定し，財政力の基準も参考で決定されるが，さらに既存事業分以外に1～2割は，内閣府で決定した。[11]

　4つに，対象事業は，2011年度，都道府県9事業でスタートしたが，以後，政令指定都市の11事業も対象となり，都道府県事業も16事業に拡大されていった。事業予算も2011年度5,120億円から2012年度には8,329億円に増加していった。

　一括交付金制度は，制度としては優れていたが，政治力の不足から補助金との絶縁に失敗した。要するに交付金化によって，補助金との「へその緒」がきれなかった。

　第2に，なぜ補助金が淘汰できないかは，理論的制度的運営的にみても簡単でない。地方団体への政府財政支援は，明治以来の懸案であり，税源移譲か補助金か，さらに補助金か財源調整措置かで論争されてきた。自治体サイドの使途裁量からいえば，地方税委譲であり，ついで財源調整（地方分与税・交付税）

IV 地域開発の系譜と地域創生策の形成

であり，裁量権がないのが補助金で，もっとも歓迎されざる方式となる。

1つに，このような国庫財源の一般財源化のアキレス腱は，自治体が最適の施策選択をするというのが絶対条件であるが，「ふるさと創生事業」の実態をみても，自治体が必ずしも適正な事業選択をする保証はない。

また中央省庁としても，政策の遂行という視点からみて，一般財源方式では，政策奨励効果がなく，補助金としてインセンティブが欠落しては，政府財政支援の効果がなくなり，補助金の意味をなさない。

この両者のせめぎあいが，最近の一括交付金誕生の背景である。ただ伝統的に中央省庁の地方統制という権限欲は根強く，しかも自治体サイドも，一括交付金は必ずしも，使い勝手のよいシステムではなかった。

2つに，地方配分における合理基準という点からみれば，地方税・交付税・譲与税・交付金・補助金となる。地方税は法律で課税基準まで決定されているので，配分基準の客観性・透明性がすぐれている。

もっとも交付税は，法律で配分基準の大枠はきめられているが，交付税の運用で補助化・特別財源化・地方債補填化がすすむと，補助金より政府の裁量権は大きくなり，特別交付税などは，当該自治体に配分方式・内容すら不明である。

交付金（譲与税類似）は，個別財源補填方式でも，配分基準は地方税と同様にかなり客観的といえる。しかし，財政支援システムとして，単一目的で地方ニーズを充足できないという欠陥がある。

3つに，補助金の存在は，補助金行政も，次第にハードよりソフトへ，さらに中央主導より地方主導へとスライドしつつある。国庫補助金と地方財政ニーズとのギャップは，次第に大きくなりつつある。

さらに補助金・交付税・交付金・地方債など，あらゆる財政支援システムが形成されているが，支援政策が錯綜し，しかも支援による費用効果分析はなされていない。むしろ多く補助金・交付金・交付税を，一括交付金に代替されるのが，運用コストからみても，より最適で有効性が高いとみなされる。

第3に，自民党政権になると，「地域自主戦略交付金」は廃止され，平成23年度「社会資本整備総合交付金」（予算額1.8兆円），「地域自主戦略交付金」

（予算額 0.7 兆円），平成 24 年度「社会資本整備総合交付金」（予算額 1.4 兆円），「地域自主戦略交付金」（予算額 0.5 兆円）など，平成 25 年度平成 24 年度「社会資本整備総合交付金」（予算額 0.9 兆円），「防災・安全交付金」（予算額 1.0 兆円）などに再編成されていった。

　しかし，補助金を整理・統合するという改革意向は，希薄となり，補助金のメニュー化だけであった。今後，一括交付金方式がどうなるかが，「地方創生」事業の行方を，大きく左右するであろう。

　ただ一括交付金の欠点は，周知の如く，メニューは選択できるが，選択した事業は，各省庁の補助事業で，執行は当該中央官庁の拘束下での事業化となる点である。要するに一括交付金（**図 2 参照**）も，期待されるような万能的効用ではない。

　第 4 に，一括交付金は，補助金改革としては，制度としてはベターなものであるが，運用は必ずしも，実効性を発揮しておらず，その改革効果をどう評価するかである。

　1 つに，一括交付金は，公共投資事業補助の改革効果はみとめられるので，自民党も看板をつけかえして存続させているが，ハード事業を除外して，ソフト施策だけを対象とする，改革案が浮上しているが，本来の目的を没却してしまう。

　2 つに，一括交付金対象である，事業補助は，本来，交付金化されれば，各省庁とは縁切りとなるべきであるが，再度，現局にふり戻され，補助事業として処理されている。自治体にとって，事業選択の幅はひろがったが，事業執行は従来どうりで，中央省庁の監督関与のもとに執行するので，改革効果は半減する。

　事業執行の補助金基準にもとづいて，自治体が処理し，事業成果については，会計検査院の結果をまつべきで，また補助基準・運用方式についても，内閣府の細部にわたる関与がないよう，改善するシステムを導入すべきである。

　3 つに，内閣府の交付金配分基準であるが，当面は従来の補助事業の実績をベースに，人口減少率などを補正係数として配分することになるであろう。し

かし，内閣府の配分基準について，厄介な問題は，交付金という単純な財政支援システムで，補助金・交付税なみの複雑な補正係数は，採用できないので，どのような客観的基準を採用するかである。

第5に，一括交付金の導入が，誘因となり変態的擬似交付金が増殖している。総務省の「地域の元気創造事業費」の主力は，地方交付税措置であり，平成26年度事業費3,500億円が計上されている。さらに国土デザイン関係では，地方中枢拠点都市圏，定住自立圏，過疎自立活性化支援など，国土交通省・農林水産省と類似の施策である。

補助金・交付金は，内閣府が統括し，自治体が選択することで，地方ニーズと遊離した，補助金は次年度から削減される，選別機能が自動的に稼動することになる。また地方のバラマキを防止するため，事業効果を内閣府なり会計検査院が審査し，次年度に反映すればよい。

第6に，補助金・交付金の乱立を淘汰し，同時に政府財政支援改革を，断行する策は，極論であるが，「ふるさと創世」方式である，各市町村に人口規模に関係なく，1億円を配付したが，事業対象は自由選択であり，使途はまったく拘束がなく，ある意味では究極の"バラマキ"であった。[12]

しかし，「ふるさと創生事業」方式は，政治による強烈な官僚機構への挑戦であった。バラマキと批判されたが，中央省庁による補助・交付金も，ある意味では，壮大なバラマキであり，大きな相違はない。

ただ地方の裁量と中央の事業効果を確保する意図と，自治体の使途の裁量との妥協として，交付金方式として，人口減少率・財政力・人口規模を補正係数として採用するのはやむを得ない。[13]

地方財政2014年度交付税・国庫補助金合計33.7億円のうち，地方振興費約2兆円を配分するとして，市町村1兆円で人口増加団体・交付税不交付団体を除外すると，市町村で1人当り約1万円となる。

しかし，傾斜配分されるので，都市部市町村は年間人口減少率1％，郡部市町村人口減少率3％とすると，都市部市町村約5,000円，郡部市町村約1万5,000円で3倍の差となる。人口減少率2％の1万人町村で丁度1億円となる。

ただ適正配分を期するため財政力・人口規模を補正係数として採用すると，実態との遊離は縮小するが，余り多くの補正係数を導入すると，交付税のように主導権が，中央省庁に移行する恐れがある。

　地方税・交付税・交付金・補助金の改革には，どこかで決断しなければならないが，完璧な配分制度がないので，地方団体は，少々の配分不公平は辛抱し，改革を断行すべきである。

　改革目標は，「ふるさと創生」交付金方式で，中央省庁の補助金・交付金とは遮断された交付金で，配分基準は人口指標のみとすべきである。交付金事業の成果を，政府・議会・住民に公表し，事業評価をうけるシステムにすべきである。しかし，三位一体改革のように，政府の老獪な戦術に誤魔化され，改悪とならないよう，慎重さが必要で，前車の轍を踏まないことである。

　注

(1) 農林水産省の都市・農村対流総合交付金2015年度要求額21億円（2014年度19.5億円）である。全国500地域指定，定額1地区800〜250万円，事業補助2分の1以下，2,000万円，対象は農業法人・NPO法人などである。農山漁村活性化支援交付金15年度要求額65.4億円（14年度62.3億円）で，250市町村が対象。
(2) 農林水産省の就農・経営継承総合支援事業は，農業新規就農者は2万人が必要として，1万人どまりで，毎年2万人をめざして，15年度要求額217.8億円（14年度238.8億円）を計上している。
(3)・(4) 増田・前掲「地方消滅」57頁。
(5) この点について，「産・学・金・官の連携のもとに，地域の資源と資金を活用して，地方公共団体が核となって事業を起こし，地域経済循環を創造する取組に要する経費について地方交付税措置を講じるとともに，地域の資源を活用した事業を行う法人等に対する出資について，所要の財政措置を講じる」（『地方財政白書・平成26年版』182頁）といわれている。
(6) 皆川健一「地方と都市の共生にむけた財政力格差の是正」『立法と調査』2008年2月，第277号参照。
(7) 行政改革指標の人件費削減効果にしても，外部委託を活用すると人件費削減は大きい。出生率は自治体の努力では対応不可能であり，農業出荷額は6次産業化がすすめば低下する。小売販売額はスーパー進出で激増する。製造品集荷額は工場閉鎖があれ

Ⅳ　地域開発の系譜と地域創生策の形成

ば激減するなど，経済が低迷すれば，かえって不況対策費が増加し，指標と財政需要の乖離がすすむ。成果指標は，自治体行政努力とは関係なく，外部環境によって大きく変動する。交付税の財政需要額として採用するのは不適切である。くわしくは星野伸江「新型交付税・頑張る地方応援プログラムと財源保障」『自治総研』2010.6号参照。

なお平成25年度の「地域経済・雇用対策費」（1.5兆円）のうち臨時費目・都道府県分3,300億円の配分基準は，単位費用×人口×段階補正×（0.2 A＋0.1 B＋0.2 C＋0.2 D＋0.1 E＋0.1 F＋0.1）×αである。なお A：1人当り第1次産業産出額／全国平均，B：1人当り製造品出荷額／全国平均，C：全国平均／自主財源比率，D：1／有効求人倍率．E全国平均／人口密度，F：高齢者人口比率／全国平均，α算定額を3,300億円程度とするための率となっている。人口密度とか高齢者人口比率などは地域経済・雇用と関係ない指標であり，段階補正などで反映されている。ただ農業県への交付税配分の傾斜配分のための数値である。しかし，問題は農業県といっても電源立地交付金など，さまざまの財政支援がなされ，実質的な財政力格差はなく，交付税まで政策意図的な配分をするのは，適正な配分システムを逸脱しているといえる。

(8) 2007年度の「頑張る地方応援費」の北海道鹿追町をみると，全体事業費（2億5,125万円，平成21年度9,608万円）で，支出内訳山村留学4,026万円，出産育児一時金1,620万円，乳幼児医療費助成1,090万円，定住奨励プロジェクト2,000万円，観光活性化プロジェクト1,136万円，経済観光交流館事業費1,136万円，産業後継者育成プロジェクト1,075万円，町有林整備事業3,465万円，バイオガスプラント8,559万円などである。また2008年度の群馬県の「地方再生対策費」29億3,489万円の施策内訳をみると，東京銀座「ぐんま総合情報センター」（1億9,500万円），地上波デジタル中継局整備（6,290万円），子ども医療費補助（8億7,30万円），尾瀬環境学習（1億300万円），企業誘致補助金創設（2億1,001万円），陸上競技場補修（1億7,800万円），全国都市緑化ぐんまフェア負担金（3億7,322万円），小学校非常勤講師の常勤化（3億1,900万円），全国高校総合文化祭開催費（1億9,3000万円）などで国庫補助率99.11％である

(9) この点について，三原岳「公共事業に関する政府財政間関係の制度史――括交付金に至る補助制度の見直し論議の系譜―」（www.tkfd.jp/files/doc/mihara paper.2pdf）48頁参照，以下，三原・前掲「一括交付金」。飛田博史「一括交付金の検証」『自治総合研究』2010年10月参照。

(10) 自治体は，「現行の国庫補助率を前提にしつつ，各自治体の配分上限額を決定するとともに，その範囲で自治体が地域の事情に応じて配分額・配分先を決定・変更できるようにした。このため，国土交通省の道路整備予算を厚生労働省の水道整備費や経済産業省の工業用水整備費に回すような形で，自治体の判断で所轄省庁の壁を越えて使途の変更が可能となった」（三原・前掲「一括交付金」35頁）といわれている。

(11) 補助金改革という点でみると，「中央省庁の恣意性を減らそうとした点である。今

までの交付金は個所付け権限を国が握っていたが，地域自主戦略交付金は配分上限額を客観指標で配分するため，補助金配分に関する中央省庁の権限は，『自治体の事業が補助事業のメニューに合致しているかどうか？』という点をチェックするだけになり」（同前36頁），中央省庁の個別事業までの介入は，阻止されるようになった。しかし，東日本大震災の実態は，依然として中央省庁の事業関与は存続しており，さらなる改善がせまられている。

(12)「ふるさと創生事業」は，自ら考え自ら行う事業で，通称が「ふるさと創生事業」で，1988年から1989年の3年間，全国市町村（交付税交付団体除外）に資金1億円を交付した。バブル経済のさなか竹下登首相が設定主体が，交付税措置であったので，使途は限定されなかった。棚ぼたの1億円は，地域活性化の観光事業に投入した市町村もあったが，箱物・モニュメント建設に浪費をしたので，無駄使いとして批判された。使途に困った市町村では基金・金塊などで使用を見合わせた。

(13) かりに1人当り1万円として，5年間の人口減少率10％，財政力指数0.2，人口規模1万人では，10,000円×0.1÷0.2×1万人＝5,000万円となる。人口減少率5％，財政力指数0.4とすると，10,000円×0.05÷0.4=1,250万円となる。ただ大規模団体への人口補正として，10万人以上は0.9，20万人以上0.8，50万人以上0.7，100万人以上0.6をかける。人口100万人で，人口減少0.02％，財政力指数0.8，人口100万人×0.2として，7,500万円となる。交付税不交付市町村には交付金は支給しない。

〈参考文献〉

田中角栄『日本列島改造論』日刊工業新聞社　1972 年
平松守彦『地方からの発想』岩波書店 1990 年
高寄昇三『現代イギリスの都市政策』勁草書房　1996 年
本間義人『国土計画を考える』中央公論新社 1999 年
岡田知弘『地域づくりの経済学入門』自治体研究社　2005 年
大江正章『地域の力』岩波書店　2008 年
奥野信宏『地域は「自立」できるか』岩波書店　2008 年
大野晃『限界集落と地域再生』京都新聞出版センター　2008 年
藻谷浩介・NHK広島取材班『里山資本主義』角川書店　2013 年
増田寛也『地方消滅』中央公論新社　2014 年
矢作弘『縮小都市の挑戦』岩波書店 2014 年
自治体問題研究所編『小さい自治体輝く自治体』自治体研究社　2014 年
山下祐介『地方消滅の罠』筑摩書房　2014 年
日本政策投資銀行『地域社会の活力維持・成長に向けての取組と連携プッラトフォーム』2014 年
日本創成会議・人口減少問題検討分科会『ストップ少子化・地方元気戦略』2014 年
国土交通省『国土のグランドデザイン 2050』2014 年

【著者紹介】

高寄　昇三（たかよせ・しょうぞう）
1934年神戸市に生まれる。1959年京都大学法学部卒業。
1960年神戸市役所入庁。
1975年『地方自治の財政学』にて「藤田賞」受賞。1979年『地方自治の経営』にて「経営科学文献賞」受賞。
1985年神戸市退職。甲南大学教授。
2003年姫路獨協大学教授。2007年退職。

著書・論文
『市民自治と直接民主制』、『地方分権と補助金改革』、『交付税の解体と再編成』、『自治体企業会計導入の戦略』、『自治体人件費の解剖』、『大正地方財政史上・下巻』、『昭和地方財政史第1～4巻』、『政令指定都市がめざすもの』、『大阪都構想と橋下政治の検証』、『虚構・大阪都構想への反論』、『大阪市存続・大阪都粉砕の戦略』、『翼賛議会型政治・地方民主主義への脅威』、『政府財政支援と被災自治体財政』『原発再稼働と自治体の選択』（以上公人の友社）、『阪神大震災と自治体の対応』、『自治体の行政評価システム』、『地方自治の政策経営』、『自治体の行政評価導入の実際』『自治体財政破綻か再生か』（以上、学陽書房）、『明治地方財政史・Ⅰ～Ⅴ』（勁草書房）、『高齢化社会と地方自治体』（日本評論社）など多数

「地方創生」で地方消滅は阻止できるか
―地方再生策と補助金改革―

2015年2月16日　初版発行

　　　　著　者　　高寄昇三
　　　　発行人　　武内英晴
　　　　発行所　　公人の友社
　　　　　　　　　〒112-0002　東京都文京区小石川 5-26-8
　　　　　　　　　TEL 03-3811-5701　　FAX 03-3811-5795
　　　　　　　　　e-mail: info@koujinnotomo.com
　　　　　　　　　http://koujinnotomo.com/
　　　　印刷所　　モリモト印刷株式会社